高效
OKR
工作术

[波] 彼得·费利克斯·格日瓦奇（Piotr Feliks Grzywacz）◎著　郭勇◎译

湖南文艺出版社　博集天卷
HUNAN LITERATURE AND ART PUBLISHING HOUSE　CS-BOOKY

成長企業は、なぜ OKR を使うのか written by Piotr Feliks Grzywacz Copyright © 2019 by Piotr Feliks Grzywacz. All rights reserved.
Originally published in Japan by Socym, Co. Ltd..
This Simplified Chinese edition was published by China South Booky Culture Media Co., LTD. in 2021 by arrangement with Socym, Co. Ltd.. through Qiantaiyang Cultural Development (Beijing) Co., Ltd

著作权合同登记号：图字 18-2021-66

图书在版编目（CIP）数据

高效 OKR 工作术 /（波）彼得·费利克斯·格日瓦奇
著；郭勇译 . -- 长沙：湖南文艺出版社，2021.7
ISBN 978-7-5726-0233-7

Ⅰ.①高… Ⅱ.①彼… ②郭… Ⅲ.①工作方法-通俗读物 Ⅳ.①B026-49

中国版本图书馆 CIP 数据核字（2021）第 115954 号

上架建议：商业·成功励志

GAOXIAO OKR GONGZUO SHU
高效 OKR 工作术

作　　者：	［波］彼得·费利克斯·格日瓦奇（Piotr Feliks Grzywacz）
译　　者：	郭　勇
出 版 人：	曾赛丰
责任编辑：	匡杨乐
监　　制：	邢越超
策划编辑：	李彩萍
特约编辑：	万江寒
版权支持：	金　哲
营销支持：	文刀刀　周　茜
版式设计：	李　洁
封面设计：	刘红刚
出　　版：	湖南文艺出版社 （长沙市雨花区东二环一段 508 号　邮编：410014）
网　　址：	www.hnwy.net
印　　刷：	三河市中晟雅豪印务有限公司
经　　销：	新华书店
开　　本：	880mm×1270mm　1/32
字　　数：	139 千字
印　　张：	7
版　　次：	2021 年 7 月第 1 版
印　　次：	2021 年 7 月第 1 次印刷
书　　号：	ISBN 978-7-5726-0233-7
定　　价：	49.80 元

若有质量问题，请致电质量监督电话：010-59096394
团购电话：010-59320018

为什么现在
OKR 备受瞩目

△ OKR 并不是仅面向 IT 企业的人才管理方法

近年来，在日本企业之中，OKR 受关注的程度越来越高，我们也不时听闻有企业导入这套管理方法。

所谓 OKR，其实是"目标与关键成果"（Objectives and Key Results）的英文缩写，它是一套适用于企业或组织的人才管理方法，由美国 IT 企业英特尔（intel）一手打造，后来谷歌（Google）、脸书（Facebook）等企业也相继导入，成效卓著，OKR 由此广为人知。

OKR 由 3 个字母组成，其中主要要素有两个，分别是"Objectives（目标）"和"Key Results（关键成果）"。该方法将企业分为企业整体、各个部门、个人 3 个层级，然后分层设定"目标（O）"，再进一步设定多个（通常为 2 到 3 个）能衡量目标是否实现的具体"成果（KR）"——这就是 OKR 方法的基本思维方式。

不论是当年担任谷歌公司人力资源主管，还是现在身为

Pronoia 集团的首席执行官，我都积极倡导 OKR 方法的导入和运用。如今，看到 OKR 在日本也备受关注，我感到相当欣慰。因为只要妥善运用，OKR 就能成为一套改变员工意识，驱动组织发展的有效工具。

另一方面我也发现，随着 OKR 变成了一个热搜关键词，有些企业因为它够新、够潮，就一窝蜂地导入。会出现这种现象，或许是因为"谷歌也在用""日本的 Mercari（一家二手交易平台公司）也在用"等说辞，也就是所谓"当红企业的管理方法"的印象，在各界发酵的缘故。而这种印象让企业高层认为"只要导入这套做法，公司就能跻身高端企业"，但实际上他们对 OKR 的本质只是一知半解。

事实上，OKR 方法的导入、运用，并不是一件容易的事情。因为从某种意义上讲，OKR 要求的是企业从根本上改变人才管理的思维方式。

△ 站在"日本"与"全球化"的边界，我所能提供的价值

2000 年，我到日本千叶大学担任研究员。日本博大精深的文化、完善的社会基础建设和安全宜居的环境，促使我选择留在当地工作。我先是在贝立兹（Berlitz）、摩根士丹利（Morgan Stanley）和谷歌（Google）等跨国企业的日本分公司任职，后来在 2015 年成立自己的公司 Pronoia 集团。

　　会选择在日本创业，是因为我认为自己在企业累积了人才培训、组织建设的经验，应该可以对日本的企业、组织，甚至是对日本人有所帮助。我在日本认识很多人，也得到了很多宝贵的机会，这使我茁壮成长，所以我想把自己在日本学到的东西，尽可能地回馈给日本。

　　我虽然出生在欧洲的波兰，但进入社会后的工作经验，全都是在日本累积的。因此，我相当了解日本企业的魅力与优势（事实上，我的日语和英语都说得比母语波兰语流利）。

　　另一方面，因为我过去都是在跨国企业任职，所以我也发现了日本企业、组织特有的一些问题，尤其是日本企业管理人才的方法，多年来都是我担忧的一件事。

△　企业人才管理到底是怎样一种工作

　　早上 8 点 50 分，如果站在大手町的街角，您会看到怎样的景象？您留意过吗？因为大多公司 9 点上班，这个时候的街上，您看见的应该是急匆匆奔向公司的上班族。每次看到这样的景象，我不免有些担心："大家跑得那么匆忙，不会发生交通事故或闹出什么纠纷吗？"

　　当然，这个问题并不是简单地实施弹性工作时间或错峰上下班就能解决的。其实，这种现象反映的是日本企业中人才管理的问题。

　　本来，工作的好坏应该是根据结果来评价的。换言之，应该根据每个人的工作性质和内容，设定不同的具体目标，然后结合目标对工作成果进行定量考核。但据我所知，日本很多企业都无法做到这一点。于是，基层主管每天监视员工是否在 9 点前准时坐在办公桌前的现象才会出现。

如果每个员工只要像其他人一样只处理好每日的例行工作就行了，那么实施统一的时间管理或许是一个有效的方法。但现如今，靠这样的管理方法能在激烈的市场竞争中存活下来的公司恐怕没几家。

只靠重复例行工作就能赚大钱的时代已经一去不复返，但很多日本企业依然将自己束缚在以前的成功经验之中，无法应对当今的挑战。

所以，日本企业不应该满足于过往的成功经验，要敢于直面现实，勇于接纳无人尝试的新思想、新方法。为此，日本企业必须从根本上改变人才管理方法，比如，"不是用时间，而是用成果管理人""组织不搞'一刀切'的命令，而应该更加尊重个人的创意和独特性"等。我想，这些正是很多日本企业当前面临的课题。

而 OKR 正是解决这些课题的有效武器。

△ "无论如何也无法实现的目标"乃是 OKR 的关键所在

实际上，用成果管理人只是 OKR 的一个方面，这种人才管理方法更重要的作用是提高员工的工作积极性，激发他们的潜能，从而提高工作能力和效率。

一提到人才管理方法这个概念，很多人容易往"将团队成员束缚在某个框架之内"的方向去想。但是 OKR，从某种意义上来说，正是要去除这种束缚人的框架。换句话说，就是要营造一种更加轻松、自由、有利于工作的环境，从而让人自主、自觉地创造出成果。

为此，导入 OKR 方法的企业，通常会为员工设定看似无法实现的高目标。这种目标，因为远大到堪比登陆月球，因此被形象地称为"射月（moonshot）"。或许有读者会产生质疑，认为"把遥不可及的事情定为目标，结果会不会沦为空谈"，但实际上，设定这种目标的目的是改变员工的心态。通过为组织或个人描绘一个远大的"梦想"，来激发他们的积极性，提升其工作表现。

但是，让梦想止步于梦想，永远没有任何意义。还有一件重要的事情就是让员工感受到"朝着有可能实现的目标拼命努力，所得到的结果让我觉得自己可以做出更大的成绩"。在 OKR 的目标设定过程中，一定要考虑这方面的平衡。如果每次设定的目标员工都能实现 100%，那说明目标定低了。需要重新审视，提高目标的门槛，争取下次设定的目标完成率只有六七成。

另外，不必把 OKR 方法和人事考核联系起来。谷歌公司是把 OKR 与人事考核联系起来的，但也有很多企业不让二者产生联动关系。即使不勉强地把 OKR 与人事考核联系起来，只要妥善运用，应该也能够激发出可观的成绩。

其实，企业导入 OKR 的目的并不是给员工设定一个基本不可能实现的目标，然后鞭策他们为这个目标卖力工作。导入 OKR 的真正目的是向所有人呈现一个"需要众人齐心协力，向同一个方向奔跑"的目标，借此聚焦全员的视线，激发所有人的工作积极性。另外，一直有高水平目标摆在眼前激励着大家努力工作，也能催生出前所未有的新观点、新方法。

△ 成功的秘诀是不要一开始就把"完美"当作追求的目标

把一个远在天边的宏伟目标展现在员工面前，为了实现这个目标，每个员工会思考自己该怎么做，并付诸实践，从而催生出了不起的突破。这正是企业导入 OKR 方法的重要目的。

反言之，为了让 OKR 方法有效运转，必须让每一位员工明确"我们公司的宏伟目标"。如果没有设定明确的大目标，只是因为"人家谷歌公司就是这么做的"而盲目导入 OKR 方法，结果多半会以失败告终。

毕竟谷歌公司有自己的企业目标、自己的企业特色，有其独特的竞争环境。同样，各位所任职的公司，也有自己想达成的使命，也有自己的特色，甚至所处的环境也是独一无二的。

各企业应根据这些现实条件进行综合评估，制定出适合自家公司的远大目标。

目标制定好之后，还要探讨如何运用 OKR 方法，也就是制定运用 OKR 的方针。比如，是否和人事考核联动，实现目标的期限等。运用 OKR 的方针，应该仔细考虑企业、组织的商业模式、企业文化还有员工的专长与志向等因素后，再做决定。

实际上，即使做了周到的准备，也鲜有企业在导入 OKR 之初，就能将其运用得得心应手。从某种意义上讲，OKR 的思维方式是非常单纯的，但在实际操作中，必须结合实际情况加以灵活运用，并对运用方针进行随机应变的修正。

为此，本书将以实际导入、运用 OKR 的日本企业案例为基础，帮读者朋友加深对 OKR 的理解，并详细讲解正确运用 OKR 的知识和经验。前 6 章的基本结构，均由"导入、运用 OKR 的日本企业案例""导入、运用 OKR 的重点与容易遇到的问题"和"导入、运用 OKR 的关键概念说明（讲解）"组成。

本书所介绍的企业案例，涵盖领域相当多元。除了像 Mercari 这样的 IT 企业，也有像小桥工业这种地方家族式的制造业企业，或是为企业提供行业分析信息服务的 Uzabase 公司，甚至还包括我自己的 Pronoia 集团等。另外，在进行概念说明的时候，我不仅会介绍导入、运用 OKR 时的操作手法和工具，还会讲解相关的背景思维方式。我认为，要通盘了解 OKR 的概念，才能为自家企业、组织量身打造合适的 OKR 运用方针，而不至于脱离 OKR 的本质。

　　在此，谨期盼通过本书，能在企业导入、运用 OKR 概念和方法，转型成更具创新体质的企业之际，提供些许启发。

彼得·费利克斯·格日瓦奇

2019 年 6 月

目 录 Contents

本书的阅读建议

第一章 企业为什么要导入 OKR

第二章 如何成功导入 OKR

第三章　如何运用 OKR

第四章　在实施 OKR 的过程中，为什么"一对一面谈"很重要

第五章　OKR 给企业带来哪些改变

第六章　如何进一步活用 OKR

第七章　为什么现在的日本企业需要 OKR

本书的阅读建议

"案例"部分

介绍实际企业导入 OKR 的案例

"重点"部分

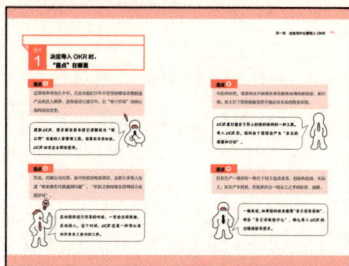

在企业导入、运用 OKR 的案例中，有哪些重点

"常见情况"部分

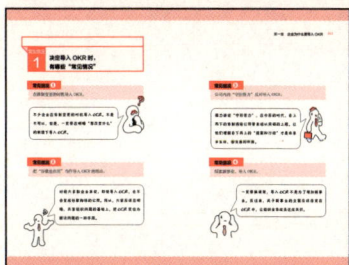

介绍在导入、运用 OKR 的过程中，常见的问题或失败经历

"图解"部分

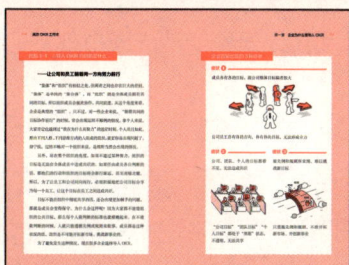

导入、运用 OKR 的时候，应该理解的概念

各种形象的含义

经营者形象。设定公司 OKR

团队领导形象。设定团队 OKR

团队成员形象。设定个人 OKR

第一章

企业为什么
要导入 OKR

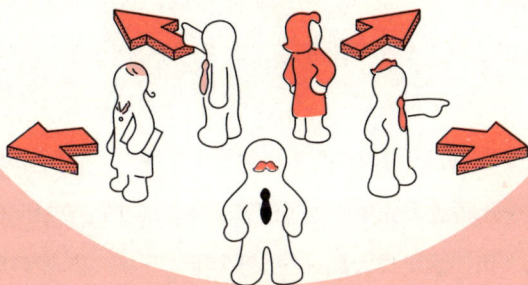

"地方优质传统企业"
导入 OKR 的理由

【企业案例】小桥工业

创建于明治时代的"钩子作坊"

日本冈山县冈山市南区的郊外，若干年前，这里原本是一片开阔的近海。江户时代，为了扩大耕地，这里开展了轰轰烈烈的填海造田工程。小桥工业的总部，就坐落于冈山市南区郊区的一角。

小桥工业创立于 1910 年（明治四十三年）。现任社长的祖父的祖父——小桥胜平先生创办了这家企业，最初它只是一个锻造农具的作坊。第二次世界大战后的 1952 年（昭和二十七年），作坊被注册为有限公司，名为小桥农具制作所。创立至今，该公司一直致力于农机具的生产，主力产品是连接拖拉机与耕地机的钢钩，还有连接拖拉机与其他农机具的钢环，以及平整土地的碎土机等。

该公司目前的资本金为 1 亿日元，有员工 300 余名。在细分市场中，该公司是该领域传统产品的中坚制造商，可以说小桥工业是一家典型的地方家族式传统企业。日本的农业市场已经出现结构式衰退的倾向，行业整体的产值与 20 年前相比几乎减半。尽管大环境如此，但小桥工业能屹立于农机具行业之巅，业绩还在增长。

其耕地机连接钩产品，在日本市场的占有率稳坐第一的宝座。

看到小桥工业印制的促销宣传单时，它的标题吸引了我，上面赫然印着"钩子作坊的宣传单"几个大字。这简简单单的几个字，凸显出他们百年不变坚持精益求精制造产品的匠人精神。虽然创业已超百年，但"钩子作坊"的初心始终没有改变。近年来，小桥工业一方面坚持初心，一方面与时俱进，以农业智能化为目标，与各种各样的公司开展了合作，也积极支援一些新公司的创业。在池井户润先生所著的人气小说《下町火箭》最新章——"八咫鸦篇"中登场了一家拥有匠人精神的公司，其原型就是小桥工业。

成为行业龙头带来焦虑

小桥工业现任社长小桥正次郎还很年轻，只有 30 多岁。他大学毕业后，先在东京的一家 IT 企业工作，继承家业成为社长是 2016 年 10 月的事情。

小桥正次郎接手家族企业的时候，公司业绩良好，很多人认为他只要安稳地坐在第四代社长的宝座上，就可以让良好的现状一直持续下去。但是，小桥正次郎社长却有一种前所未有的危机感。

虽说小桥工业当前的业绩良好，但日本农业的整体趋势是逐渐衰退。日本签署 TPP 协定（跨太平洋伙伴关系协定）之前，农业从业人口持续减少、少子化老龄化日益加重，耕地废弃的情况急剧加速。日本的农业本身还具有一些结构性的问题。农户不管种植出"多么优良"的作物，如果超出日本的评判规格，也得不到破格评价，只能以普通农作物的价格被收购。这严重打击了农户生产优质作物的动力，他们根本没有"下更多功夫，把更美味的农产品送到消费者手中"的积极性。日本的农业政策还具有排他性，农户即使想尝试新品种，也会遭到政府的否决。这无疑加速了日本"脱离农业"的脚步。

现任社长小桥正次郎强烈预感到，这种影响势必会在"钩子作坊"小桥工业的业绩中体现出来。

但是，环顾公司内部，保守的氛围根深蒂固，虽然大多数人知道"将来确实可能遇到问题"，"但姑且维持现在的利润不也挺好吗"。

形成这种氛围，可能和现任社长的父亲——第三代社长也有撇不开的关系。第三代社长是一个强势型领导者，这种类型的领导者会强力把控公司的方方面面，从上到下事无巨细，大事小事都要亲自裁决。这也是造成公司内部氛围保守的一个重要原因。

实际上，在日本经济高速成长期，小桥工业就已经走入成熟期，它赶上了高速成长的浪潮，也熬过了几次不景气的冲击。能够熬过不景气的冲击，也是前任强势社长的功劳，因为他打造的"员工上下一心，团结一致共进退的工作姿态"和当时的时代需求正好吻合。

但是，小桥正次郎社长上任后，他发现越接近经营管理中枢，"Yes Man（只会点头称是的人）"越多。今后的时代，需要的是不被现有事业框架束缚的新创意、新行动，而上行下效的体制显然不能应对未来的商业环境。如果还靠社长一人强力引领公司前进的话，那么"社长个人能力的极限"也就是"公司的极限"。这样的企业，怎么能适应未来千变万化的形势，连生存都可能会成为问题。

小桥正次郎社长想，如果现在什么也不做的话，公司在自己这一代也许能够生存下去，但是，以后肯定会陷入困境。自己从父亲手中继承了一家"优质公司"，应该尽量让它变得比现在更好，这样才能安心留给下一代。可是，保持现状的话，自己的想法是无论如何也无法实现的——这就是小桥正次郎社长焦虑的事情。

宣布"我不会像父亲那样做"，随后邂逅 OKR

小桥正次郎社长上任不久，就向部下宣布："我不会像父亲那样做！"

因为他觉得，自己不该独断专行，他希望公司上上下下都能萌发出新的生机。

但实际上，新社长如何将自己的危机感传达给公司的所有人，让大家都意识到情况的危险，是一个难题。当时小桥正次郎社长偶然间读到一本书——《0 秒领导力：在"今后的世界"创造出压倒性成果的工作术》。然后他马上联系了我，从此，他便知道了 OKR 的存在。

不过，小桥正次郎社长决定要导入 OKR，并不是因为我"曾在谷歌公司工作"，也不是因为"谷歌公司导入 OKR 并运行良好"的实际案例。原本他也知道，因为"OKR 在谷歌公司取得成功"就生搬硬套人家的成功经验，在自己这里是绝对不能成功的。

不能否认，小桥工业面向未来的时代，确实存在很大的问题。但另一方面，小桥工业也有自己的坚持，那就是"小桥主义 = 绝不改变！——这是在超过 100 年的奋斗历史中培养出来的企业DNA"。对制造业来说，这是一种执着的态度、不忘初心的匠人精神。或者说，正是因为这种态度、这种精神，小桥工业才赢得了市场的认可、客户的信任。如果制造企业一味求新求变，而忘记了初心的话，那么公司就会变成一棵"无根之草"，很容易被市场大潮所淘汰。

小桥正次郎社长自己也曾说："我们不是谷歌公司，我也不想让自己的公司变成谷歌那样的公司。"他的意思是，我们需要的不单单是"先进企业所采用的人事管理工具"，更重要的是员工自己设立远大目标，并朝目标奋勇前进的自发性与自律性。

社长的考量是，如果能够通过 OKR 实现这一点，那对小桥工业来说，OKR 就是一种有益的东西。

为打造"新时代小桥工业"，开始全面布局

不主张"自上而下领导公司"的小桥正次郎社长，这次斩钉截铁地宣布，要果断进行变革！

他要改变的是"因为以前就是这么做的"而一直延续至今，无人想要改变的工作程序等。举例来说，小桥工业在经营活动中，大多是以传真的形式接收客户订单。而且，工作人员习惯性地在接收到客户的传真订单后，还要打电话给客户进行确认。确实，和"传真出现以前"相比，企业接收订单的效率要高了很多，可那已经是几十年前的事情了，如今，通过网络接收订单的效率已经远远超过传真。虽然，"为客户提供品质优良、价格合理的产品"是制造业企业雷打不动的基本原则，但这并不代表可以在公司里随意浪费成本。

另一方面，小桥工业也在积极参与超出传统经营框架的经营合作、资本运作等。从最近的动向看，小桥工业参与了农田监视设备"KAKAXI"的开发、销售；与总部设在美国硅谷的日本国际化农业创业公司"Kakaxi Inc"也有资本合作（2018 年 5 月）；还作为出资者参与了无人机创业型基金"Drone Fund 2 号"项目（2018 年 11 月）等。这些都是有关农业 IT 化、无人化的项目。除此之外，小桥工业还参与了香川大学创办的风险投资基金项目，

并与研发太阳能扫地机器人等未来机械的资本合作。可见，他们的触手已经伸到了农业之外。

小桥工业的这些举措，并不只是出于单纯的投资目的，小桥正次郎社长想积极参与那些"对未来社会有益"的项目。可以说，他在下一盘很大的棋。

小桥工业作为一家地方小企业，"外面的知识"很难渗透进来。员工对于时代变化的危机感也比较薄弱。对于"维持现状的话，10 年后可能还行，但 30 年后肯定行不通"的危机，公司内部缺乏一种"直觉上的警惕"。但奇怪的是，当小桥正次郎社长打破"传统小桥工业"的"硬壳"采取新动作的时候，公司内的抵触情绪并没有想象的那么强烈。难道只是因为员工们对经营者家族具有强烈的"忠诚心"，或者因为员工们早已养成对社长言听计从的癖好？当然这些因素肯定起了作用，但并不是决定作用。在逆风的经济环境中，小桥工业还能保持良好的成长势头，以及不断聘用新人，使员工的平均年龄不到 40 岁，也是公司内部对社长的创新举措少有抵触情绪的原因。关于员工的待遇问题，小桥工业并没有给员工造成"我们是乡村企业，所以只能给这么多薪水"的印象，而是让员工知道"只要提高销售额、降低成本，公司就能给大家更高的薪水"。这样的氛围，对于提高待遇的透明性，是一个强劲的助力。

虽然小桥正次郎社长感受到"越接近公司的经营中枢，Yes Man 越多"，但在生产一线却有一种自下而上追求改革、创新的氛围。实际上，在生产车间里，有很多出自一线员工之手的标语、海报。基层有了这样的底蕴，小桥正次郎社长暗自欣喜，心想："一线员工已经具备了'自己决策、自己实行'的自觉性和主动性，那么 OKR 的理念也许能在公司里顺利推广。"现在，小桥工业正在摸索"适合自己公司的 OKR"。小桥正次郎社长一边谨慎地审视公司的组织架构，一边思考导入 OKR 的方法。

决定导入 OKR 时，
"重点"在哪里

重点 ❶

这简简单单的几个字，凸显出他们百年不变坚持精益求精制造产品的匠人精神。虽然创业已超百年，但"钩子作坊"的初心始终没有改变。

提到 OKR，很多朋友容易把它误解成为"新公司"准备的人事管理工具，但事实并非如此。OKR 对老企业同样适用。

重点 ❷

但是，环顾公司内部，保守的氛围根深蒂固，虽然大多数人知道"将来确实可能遇到问题"，"但姑且维持现在的利润不也挺好吗"。

在对组织进行改革的时候，一定会出现抵触、反对的人。这个时候，OKR 还是一种可以有效改变员工意识的工具。

重点 ❸

今后的时代，需要的是不被现有事业框架束缚的新创意、新行动，而上行下效的体制显然不能应对未来的商业环境。

> OKR 是打造自下而上的组织结构的一种工具。导入 OKR 后，组织各个层级会产生"自主的提案和行动"。

重点 ❹

但在生产一线却有一种自下而上追求改革、创新的氛围。实际上，在生产车间里，有很多出自一线员工之手的标语、海报。

> 一般来说，如果组织成员懂得"自己设定目标"、明白"自己该做些什么"，那么导入 OKR 的过程将容易很多。

决定导入 OKR 时，
有哪些"常见情况"

常见情况 ❶

在体制变更的时机导入 OKR。

> 不少企业在体制变更的时机导入 OKR。不是不可以，但是，一定要在明确"想改变什么"的前提下导入 OKR。

常见情况 ❷

把"谷歌也在用"当作导入 OKR 的理由。

> 对绝大多数企业来说，即使导入 OKR，也不会变成谷歌那样的公司。所以，大家应该在明确、共享组织问题的基础上，把 OKR 定位为解决问题的一种手段。

常见情况 ③

公司内的"守旧势力"反对导入 OKR。

强力游说"守旧势力"，在今后的时代，自上而下的体制将给公司带来难以突破的上限。让他们理解自下而上的"提案和行动"才是未来求生存、图发展的利器。

常见情况 ④

探索新事业，导入 OKR。

一定要搞清楚，导入 OKR 不是为了增加新事业。反过来，关于新事业的立案应该设定在 OKR 中，让组织全体成员达成共识。

图解 1-1　△导入 OKR 的目的是什么

——让公司和员工朝着同一方向努力前行

"集体"和"组织"有相似之处，但两者之间也存在巨大的差别。"集体"是单纯的"集合体"，而"组织"则是全体成员拥有共同的目标，所以组织成员会彼此协作，共同前进。从这个角度来看，企业是典型的"组织"。只不过，对一些企业来说，"朝着共同的目标协作前行"的时候，常会出现运转不顺利的情况。拿个人来说，大家肯定也遇到过"我在为什么而努力"的迷茫时刻。个人尚且如此，那由不同人格、不同思维方式的人组成的组织，就更容易出现问题了。毋宁说，运转不畅对一个组织来说，是理所当然会出现的情况。

另外，站在整个组织的角度，如果不通过某种努力，组织的目标是无法在全体成员中达成共识的。如果任由成员各自判断的话，那他们的行动和组织的目标将会渐行渐远，甚至南辕北辙。所以，为了让员工和公司同向而行，必须积极地把公司目标分享给每一个员工，让这个目标在员工之间达成共识。

目标不能在组织中彻底共享的话，还会出现更加棘手的问题，那就是成员会变得保守。为什么会这样呢？因为大家都不清楚组织的公共目标，那么每个人做判断的标准也就模糊起来。在不敢做判断的时候，人就只能遵循先例或规则来做事。成员都是这种状况的话，组织是不可能开拓新市场、挑战新事业的。

为了避免发生这种情况，现在很多企业选择导入 OKR。

企业容易出现的 3 种症状

症状 ❶

成员各有各的目标，跟公司整体目标偏差很大

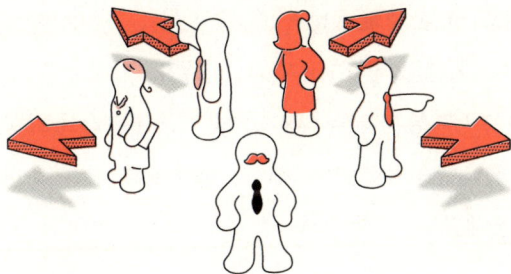

公司员工各有各的方向，各有各的目标，无法形成合力

症状 ❷

公司、团队、个人的目标都看不见，无法达成共识

"公司目标""团队目标""个人目标"都处于"黑箱"状态，不透明，无法共享

症状 ❸

被先例和规则所束缚，难以挑战新目标

只重视先例和规则，不敢开拓新市场、开创新事业

图解 1-2　△理解 Objective（目标）必须具备的要素

——具体性、可测性、可实现性、期限 4 要素

OKR 的 O 是 "Objective" 的首字母。"Objective" 直译的话是 "目标" 的意思。但 OKR 中的 O 除了指 "朝哪个方向前进""为了什么而努力" 等目标的 "静态意义"，还包含让所有成员都理解这个目标的 "动态意义"。另外，通过设定 O，还可以唤起成员的工作积极性。

所谓目标，可以多种多样，比如，"以上市为目标""今年的销售额目标是 ×× 亿元" 等，但 OKR 中的 O，必须让组织各层级对此达成共识，让所有人朝着这个目标共同努力，就好像一个 "愿景"。既然是 "愿景"，那么 O 就不一定非得 "可以用数值表示（定量）"。大多数情况下，O 不是 "定量" 的，而是 "定性" 的。

虽然 O 不是定量的，但也不能设定得过于抽象，否则每个成员会根据自己的想象进行理解，结果可能和原本的目标产生较大差异（当然，在某些情况下设定目标的时候，也要给成员留一定的想象空间，但想象空间也是有范围的）。因此，在设定 O 的时候，必须具备 4 个要素——"具体性""可测性""可实现性" 和 "期限"（如下页所示）。反言之，目标只有具备这 4 个要素，各层级成员才能对目标的内容形成深入的理解。

Objective 的必备要素

要素 ❶

具体性

> 变革文化

⬇

> 变革为开放的文化

任何人看见，
都能明白要做什么

要素 ❷

可测性

> 变革为开放的文化

⬇

> 变革为让任何人
> 都能活出自我的开放文化

任何人看见，都能明白要做什么，
还能判断怎样才算实现目标

要素 ❸

可实现性

> 变革为让任何人
> 都能活出自我的开放文化

⬇

> 变革为让任何人
> 都能自由发言的开放文化

任何人看见，都能明白要做什
么，该怎么做，还能判断怎样
才算实现目标

要素 ❹

期限

> 变革为让任何人
> 都能自由发言的开放文化

⬇

> 到 8 月底之前，变革为让任
> 何人都能自由发言的开放文化

任何人看见，都能明白要做什么，
该怎么做，还能判断怎样才算实
现目标，以及在什么期限内实现

图解 1-3   △ O 分为"射月型"和"攻顶型"

——有些时候，翻 10 倍比提高 10% 来得简单

OKR 设定的 O（目标），其实可以分为两种类型：一种是不可能 100% 实现，但只要实现就能带来冲击性收益的极高目标；另一种是只要努力就能完全实现的现实性目标。

前者就像登月目标一样远大，所以叫作"射月型"。以前，"射月"的潜台词是"无论如何也实现不了，不要干傻事！"，通常作为否定性词语使用。但现在，"射月"被认为是"激发工作积极性不可缺少的远大目标"，多作为肯定性词语使用。另一方面，"攻顶型（roofshot）"是指通过努力把球打到屋顶上。把球打上屋顶，并非遥不可及，是可以实现的。

在运用 OKR 的时候，通常两种类型的目标都会设定，但应该更重视"射月型"目标的设定。因为"射月型"目标有可能催生"现在不存在的全新事物"。也就是说，"射月型"目标可以带来"产生根本性解决方案""成为扭转战局的人""让组织成员产生集体感"等诸多好处。

不过在设定"射月型"和"攻顶型"目标的时候，也有一些需要注意的地方。比如，设定"射月型"目标后，如果强迫成员必须 100% 完成，那反而会挫伤成员的积极性。另一方面，如果把"攻顶型"目标设定得过低，同样也无法调动成员的积极性。总而言之，把握好"度"是非常重要的。

射月型与攻顶型

【射月型】

"把球打到月球上"
非常具有挑战性的极高目标
能实现 70% 就算很成功了

【攻顶型】

"把球打到屋顶上"
虽然有一定难度，但这个目标
是可以实现的。完成 100% 才
算成功，否则就是失败

"射月型"目标带来的结果

【1 产生根本性解决方案】

【2 成为扭转战局的人】

【3 让组织成员产生集体感】

【4 忙到停不下来】

拿锅吃
可不好啦！

吧唧吧唧

图解 1-4　△理解 O 与 Key Results 的关系

——O 指明方向，KR 设定状态

OKR 要根据组织中的各个层级分别进行设定。拿 O 来说，要为公司、团队、成员分别设定"想实现什么、朝哪个方向前进"。公司的长期目标叫作"愿景"，设定了实现期限的 O，可以说是实现"公司愿景"过程中的一个步骤。

另一方面，KR 是指实现 O 的时候，组织中各个层级应该达到的状态，而且是以具体的指标（数值）呈现出来的状态。在设定 KR 的时候，不仅仅是设定最终的状态，还要思考为达到这种状态该采取什么样的措施。

有时，企业容易把 O 和 KR 的关系搞混，在实际运用的过程中，一定要严格划清两者之间的界限。O 指明方向，在某种程度可以用宏观视角来看待 O。另一方面，KR 则需要设定具体的数字，以明确指出实现目标时应达到的具体状态。举个例子，我们可以把 O 比喻成远处的一座高山，而 KR 则是通向山顶的一个个里程碑。另外，在实施 OKR 的过程中，我们需要不断确认在当前时间，KR 完成到了什么程度。在确认 KR 完成程度的时候，采取定量分析非常重要。

还有一点，对于一个 O，请设定多个（很多情况下是 2 个或 3 个）KR。因为如果 KR 太少的话，可能会影响行动的自由度；而 KR 太多的话，则会使努力变得分散，难以聚焦。

O 与 Key Results 的关系（思维方式）

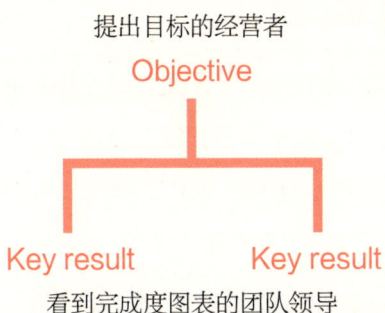

提出目标的经营者
Objective

Key result   Key result
看到完成度图表的团队领导

O。
设定"要实现什么"
"要获得什么样的成果"
"要朝哪个方向前进"

KR
用指标（具体数字）
显示"完成程度"

O 与 Key Results 的关系（例）

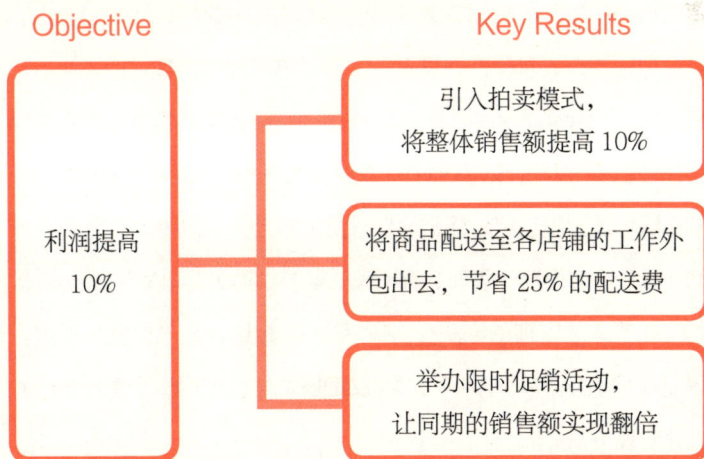

Objective   Key Results

利润提高
10%

引入拍卖模式，
将整体销售额提高 10%

将商品配送至各店铺的工作外
包出去，节省 25% 的配送费

举办限时促销活动，
让同期的销售额实现翻倍

图解 1-5　△ OKR 与 KPI 的差异

——驱动组织与评测实绩

"KPI"（Key Performance Indicator，关键绩效指标）的历史已经比较长，多年前很多日本企业就导入了 KPI，KPI 在当时算是一种具有代表性的人才管理方法。KPI，通常以半年或一年为时间单位，为组织中的成员设定目标，并以团队或个人为单位对目标完成情况进行评价。从设定目标和评价完成情况这两点来看，KPI 和 OKR 很相似，所以有人容易把二者混同起来。但实际上，二者存在比较明显的差别。

最大的差别就是二者的目的不同。KPI 的最大目的是通过评测、把握目标的完成情况，来管理人。与此相对，OKR 的目的是面向组织或团队的目标，激发出成员的工作积极性，让他们自觉、自主地设定个人目标，并思考、实施具体行动去实现目标。

KPI，通常设定可以定量化的目标，并且要求成员 100% 完成目标。因此，KPI 设定的目标不是"射月型"而是"攻顶型"。KPI 是通过预先设定目标来管理成员的行动。从思维方式上来看，KPI 属于"自上而下型"，而 OKR 属于"自下而上型"。

作为人才管理的方法，OKR 和 KPI 相比，很难说孰优孰劣。需要根据组织的大方向、企业的商业模式，来选择最适合自己的人才管理方法。

OKR 与 KPI 的差异

	OKR	KPI
思维方式		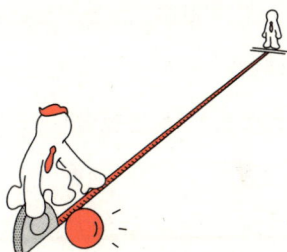
	指明目标方向，激发成员自觉行动	预先设定量化目标，评测、把握成员完成目标的程度

定量评测	可以	可以
目的	设定目标，在过程中对完成目标的程度进行评价，回头审视行动的结果	评测工作情况，为实现目标进行必要的设定，要求采取适应 KPI 的行动
困难度	高 （完成 70% 就算比较理想）	不太高 （要求 100% 完成）
想要实现的目标	更广范围的愿景、变化	推进既有愿景的实现、改善

图解 1-6　△ OKR 与 MBO 的差异

——驱动人的方法与测评人的方法

"MBO"，是"Management By Objective"的缩写。是管理大师彼得·F. 德鲁克（Peter F. Drucker）于 1954 年在其名著《管理实践》中最先提出的人才管理方法。一般来说，MBO 被翻译为"目标管理"，是以季度或半年为单位设定目标，并根据目标完成情况对员工进行评价的管理方法。

OKR 也好，MBO 也罢，都有一个"Objective"，而且二者都是连接组织目标和个人目标的纽带。不过，作为人才管理方法，二者的目的和追求的目标不太一样。

OKR 的目的是追求明确的愿景，激活组织，引导成员进行更顺畅的沟通交流。而 MBO 的最大目的是个人目标管理和人事考核。因此，虽然二者都有 O，但设定内容有较大差异。在 OKR 中，O 在多数情况下是定性目标，而在 MBO 中，O 多为定量目标（当然，在某些情况下，也可能设定定性目标）。另外，MBO 的目标在设定的期限（通常为一年或半年）内要求 100% 完成。还有，OKR 通常要求全公司共享一个目标，但 MBO 的目标只对个人、上司以及人事负责人公开。从某种意义上说，MBO 追求的是以组织来管理个人目标，完成目标的情况和人事考核挂钩，以确保评价的公平性。

OKR与MBO的差异

	OKR	MBO
思维方式	 公司与个人的目标一致	 个人目标与公司目标不一致也没关系
定量评测	可以	可以（还包含定性评测）
目的	• 设定目标 • 推动工作 • 在过程中对完成目标的程度进行评价 • 回头审视行动的结果	• 评测工作情况 • 设定目标与完成度测评 • 个人目标与组织目标的纽带
评价周期	每季度一次	每年或每半年一次
困难度	高 （完成70%就算比较理想）	100%完成是基本要求
共享性	全公司可视化	仅限本人、上司、人事负责人共享
想要实现的目标	更广范围的愿景、变化	个人的目标管理和组织的人事考核

为什么 OKR 有助于
开展"自下而上"的管理

公司导入 OKR，就意味着"从传统型的日本企业脱胎换骨"！从表面看起来的"自下而上"变成真正意义的"自下而上"。我这么说，可能有朋友会进行反驳，说："日本企业本身就是自下而上的啊！高层会充分听取基层的意见。"但是，在我所了解的企业范围内，传统的日本大企业的管理基本上都是自上而下的。举例来说，日本企业非常善于"改善"，也大多对于自己的"改善"工作充满自信。但实际上，虽然基层提出的改善提案很多，可仔细观察就会发现，这些提案都被局限在高层制定的范围内。基层没有自由提案的可能，也不敢天马行空地提出方案。

另一方面，导入 OKR 的企业就不一样了，高层想不到的愿景，即所谓的射月型目标，一般是以自下而上的方式提出的。自下而上提出的目标，被设定为公司的愿景，会极大地鼓舞基层员工的积极性。

这种差别是如何产生的呢？

我认为其中的原因是 OKR 带来的是真正的自下而上的管

理体制。举例来说，在谷歌公司，刚进入公司一两年的新人也可以提出自己想做的项目方案，高层也会赞赏这种做法，认为这是理所当然的事情。

提出方案的人，决定推进项目的顺序、调整团队配置，并实施自己的计划。遇到问题的时候，自己思考解决方案，需要的话，还可以要求其他团队给予帮助。通过这样推进项目，很多员工都扎扎实实地锻炼了自己的项目管理能力。

另一方面，"集体主义"观念比较强的日本人，不善于"寻求别人的帮助"，在他们看来这是"连累别人"。他们会想"反正我又不是老板"，做事情缺乏主人翁意识，工作就是工作，是为公司做事。改变这样的思维方式，正是导入 OKR 的意义所在。

第二章

如何成功
导入 OKR

由你
来带头！

案例 2

高速成长的企业通过导入 OKR，唤醒"凝聚力"

【企业案例】Hamee

从零开始导入 OKR

2018 年春，Hamee 株式会社为了研究导入 OKR 的具体方法，召集经理级管理者进行了两天一夜的寄宿集训。

"我们发现，要想把公司打造成理想中的状态，OKR 是一种有效的手段。我们应该尝试导入 OKR。"在这样的呼声之下，公司开始了新的挑战——导入 OKR。话虽如此，可最初，公司里基本上没有人知道"OKR 到底是什么"。因此，寄宿集训的首要目的，就是在经理级的管理者中普及 OKR 的概念。

在集训中，公司给经理级管理者普及 OKR 概念的同时，还让他们"自学"OKR 的原理和运用方法。每个经理捧着刚出版的新书《OKR》（C.沃德基著，日经 BP 社）埋头苦读，一边尝试一边犯错，再修改错误，在这个过程中打牢 OKR 的知识基础。

Hamee 导入 OKR 的背景是公司处于高速成长期。随着业务范围的拓宽，人员的增加，这时，各个部门在想什么、在做什么，就变得难以把握。很多人都有一种担忧——对于公司的大方向，是否全员的意识都能保持一致？

了解彼此的工作内容，达到目标共享的状态

Hamee 的前身是 1998 年创立的 Macrowill 有限公司，当时的公司以制造、销售手机挂绳为主营业务。后来，2001 年 12 月，公司更名为 Strapya.com 株式会社，又于 2006 年 5 月更名为 StrapyaNext 株式会社，到 2013 年 5 月变更为 Hamee 株式会社，并一直沿用至今。现在该公司经营的商品包括智能手机壳、膜以及周边饰品等。

Hamee 不单单通过传统渠道销售商品，为了跨过经销商直接把商品销售给用户，他们还创建了自己的网店。后来，他们把网络销售系统本身也当作公司的重要业务来经营。如今，电商 App 也成了公司的支柱业务。

Hamee 双管齐下，实体商品和电商系统都发展顺利，公司规模迅速扩张，仅国内员工人数就超过了 200 名。人员结构是商品销售、系统相关、管理各占三分之一左右。但是，随着规模的扩大、人员的扩充，部门之间的沟通变得不像以前那样顺畅，大家也很难看到其他部门内部的样子。

创业之初，公司还很小的时候，员工之间都可以看到彼此的工作内容，公司的目标也很容易分享给所有人。可是，发展到现在的规模，还能回到当初那种"融洽"的状态吗？答案是肯定的，而方法就是导入 OKR。

在经理会议上再次确认公司目标

为了确定公司的发展方向，Hamee 召开了经理会议，围绕"我们理想中的公司是个什么样子"的主题，经理们广泛交流了意见。首先，大家评选心目中"最酷"的公司，经过分组讨论结果发现，每个组选出的"最酷"公司中，谷歌的排名都非常高。

当然，Hamee 和谷歌公司不管在经营内容还是公司规模上，都存在极大的差别。想要单纯地模仿谷歌公司，是绝无成功之可能的。但即使只把谷歌公司当作一个"理想"，远远地望着它，也可以对自己的公司产生正向的作用。研究谷歌公司的成功经验之后，Hamee 比较关注的是"OKR"和"1 on 1"（一对一沟通）。

在导入 OKR 的问题上，首先让人感到困惑的是，OKR 的运用方法与 MBO、KPI 等传统管理方法存在较大的差异。在此之前，Hamee 的人事评价制度基本上和薪水直接挂钩。但是，OKR 没有必要非得将人事评价与薪水挂钩。那么，"不和报酬挂钩的人事评价制度"该怎么运用呢？ Hamee 一点经验也没有。

Hamee 公司在听取外部意见的同时，决定采取"OKR 与 MBO 的目标保持一致，但 OKR 的评价结果不和薪水挂钩"的形式运用 OKR。再经过公司内部讨论，解决了大家对 OKR 的疑问，决定打造"适合自己的 OKR""Hamee 独特的 OKR"。

不可能"一开始就成功"

就这样，Hamee 导入 OKR 的程序于 2018 年启动了。

但是，在导入 OKR 10 个月之后，Hamee 的人还对很多具体的事项感到迷惑。公司的执行董事兼未来创造部经理丰田佳生先生当时说："不知到底该怎么做。"

举个例子，对负责销售的部门来说，设定一个明确数值的目标可能更好接受。因为设定容易，评价也容易。但是，在导入OKR 之后，怎么设定目标才合适呢？

假设，为销售部设定的 OKR 目标是"年度销售额达到 100 亿日元！"但是，年初该部门的销售计划是 70 亿日元，到了年末实际销售额达到了 80 亿日元。这时，该怎么评价销售部呢？因为超过了 70 亿的计划而表扬他们吗？还是因为没有达到 100 亿的目标而批评他们呢？

另外，Hamee 导入 OKR 之初，在"学习→理解→设定公司OKR →设定部门 OKR →设定个人 OKR"上就花了半年时间。虽说 OKR 对他们来说是新事物，需要"一边理解一边运用"，但半年时间也太长了。可以说，这半年时间是 Hamee 导入 OKR 的"试错时间"。

但丰田佳生先生也说："现在，我们不能着急，也不能灰心丧气。"

他还说："参考书中也有写，刚导入 OKR 的时候，一般不会顺利发挥作用。甚至大多数公司第一次导入 OKR 会遭遇失败。所以，第一次我们并不害怕失败。"可见，一开始，就是试错时间。

问题已经暴露出来

Hamee 导入 OKR 之初，先以年度为单位设定了 OKR。但是半年过后，他们发现一件事情——可能设定短期一点的目标会更好一些。看其他企业的 OKR 成功案例，也多是以季度为单位设定目标。当初，Hamee 觉得季度目标实现起来可能会太匆忙，于是设定了年度目标。可是在实施过程中发现，当目标设定的前提发生变化的时候，目标就不符合实际了。这样的改变发生了多次。有了这样的教训，他们决定设定季度目标。

还有一点"不足"是对个人、部门设定的 KR 进行评测的机制。如果没法保证"这样的 KR 比较合适（不会过高，也不会过低）"，那么个人或部门完成 KR 的情况就和公司 KR 没有关系。

Hamee 公司设定第一年度的"O"是"创造受人喜爱的Hamee"；"KR"是"到 2019 年 4 月让 Hamee 的粉丝数量增长到现在的 300%"。"粉丝是谁？"当然，不同部门有不同的"粉丝"。销售部门的粉丝是购买 Hamee 手机周边产品的终端用户；系统开发部门的粉丝是使用 Hamee 电商系统的企业用户；经营管理部门的粉丝应该是股东。可见，"粉丝"的形态多种多样。如果在一年后能让各种"粉丝"的数量都增长到现在的 300%，那当然是最好不过的事情。可事实上，不同类型"粉丝"的增长率不会保持一致。

比如，有可能出现下面的情况——"销售部说：'我们增长400%！'管理部说：'我们增长 200%。'系统开发部说：'我们折中一下，就增长 300% 吧。'"这种情况，部门的 KR 和公司的 KR 就没有关系。所以，如何评测个人或部门设定的 KR 是否合理，是一个问题。

"自然可视化"才是理想的组织结构

导入 OKR 之后，公司全体员工都深切感受到"公司内的可视化"是多么有必要。我旁边的同事、隔壁的部门在做哪些工作？他们的 OKR 是什么？只有了解这些内容，自己或自己的部门才能设定合理的 OKR。

虽然在公司网站上引入了确认各部门、个人 OKR 的系统，但还需要让共享机制更加简单明了。导入 OKR 之后，公司内需要管理的目标成倍增长。在这种情况下，让公司内部的各种情况"自然可视化"的体制才是最为理想的组织结构。

现在，在 Hamee 公司的工作一线，随着目标管理工作负担的增加，不时传出员工的不满和抱怨。这多半是因为 OKR 还没有彻底扎根。今后，要正式运用 OKR 的话，管理层还是有些许不安的，因为他们不知该如何应对这些不满和抱怨。尤其是把 OKR 的期限缩短为季度之后，目标管理的复杂程度又提升了。

　　话虽如此，但 OKR 的导入也让工作一线发生了一些变化。比如，在设定 OKR 的时候，各个部门会组织集训、召开会议进行讨论，"我们部门的粉丝是谁？""为实现目标，我们能做哪些事情？"这种自主思考、自主行动，就是一个巨大的进步。而且，员工、部门之间的沟通机会也增加了。不仅如此，这也为创造出前所未有的新想法埋下了伏笔。

OKR 目标制定的方式运用延展（Stretched）原则

Stretched 有"延展、拉长"之意，由此可知，OKR 的目标可能会超出员工能力所及的范围许多，甚至可能高到无法达成。因此，若 OKR 的目标达成率在 70% 以上，就已经很不错了，属于目标达成的"健康区域"。

对员工来说，OKR 目标设定并不是承诺，更不是不容更改的。若执行一段时间后，发现目标真的太难达成，可以适当调整。然而，在自行设定下远大的目标后，人们通常会想尽力执行，因此不太会随意改动；可能会修改的地方是 OKR 中的 KR，也就是关键结果。

导入 OKR 时，
"重点" 在哪里

重点 ❶

公司里基本上没有人知道"OKR 到底是什么"。因此，寄宿集训的首要目的，就是在经理级的管理者中普及 OKR 的概念。

在导入 OKR 的时候，通常公司的管理层或经理级的管理干部要进行寄宿集训。这样做的目的是让管理者理解"到底什么是 OKR""导入 OKR 的意义何在"。

重点 ❷

很多人都有一种担忧——对于公司的大方向，是否全员的意识都能保持一致？

当公司高速成长的时候，内部的沟通肯定会出现一些障碍。虽然多样化也是必要的，但如果失去共同的目标，那公司的整体力量就难以发挥出来。

重点 ❸

Hamee 公司在听取外部意见的同时，决定采取"OKR 与 MBO 的目标保持一致，但 OKR 的评价结果不和薪水挂钩"的形式运用 OKR。

> 实际上 MBO 和 OKR 可以并用，并且以人事考核与薪水脱钩的形式运用 OKR，这一点很多朋友不知道。其实重要的是"想通过 OKR 实现什么"。

重点 ❹

刚导入 OKR 的时候，一般不会顺利发挥作用。甚至大多数公司第一次导入 OKR 会遭遇失败。所以，第一次我们并不害怕失败。

> 实际上，没有哪家公司第一次导入 OKR 就能取得成功的。只有不断地试错，再修正，再尝试，才能找到适合自己公司的 OKR 运用方法。

导入 OKR 时，
有哪些"常见情况"

常见情况 ❶

没有及时报告 OKR 的进展。

事先确定好 OKR 输入表以及输入时间，高层管理者或团队领导亲自检查输入表。对于没输入的人，必须及时提醒。

常见情况 ❷

"团队的 OKR"没有挑战性。

在 OKR 输入表中，要设置"为什么要挑战"一栏。对于无法设定具有挑战性目标的团队，高层管理者要亲自介入。

常见情况 ❸

团队 OKR 和公司 OKR 没有联系。

在 OKR 输入表中设置"现在为什么要做这项工作？"一栏。让团队在思考这个问题的同时，意识到公司 OKR 的存在。

常见情况 ❹

OKR 设定超过 3 个，难以集中注意力。

为 OKR 设定数目上限。通常情况下，一定期限内设定的 OKR 为 1 到 2 个就够了。

图解 2-1　△如何导入 OKR

——导入 OKR 的要点和程序

随着组织规模的扩大、复杂程度的增加，"组织的使命是什么？""努力的目标是什么？"等组织的"核心"容易变得模糊不清。

OKR 是明确组织前进方向、统一成员思想和行动、激发工作积极性的优秀工具。

OKR 虽然是好东西，但完全不了解它的话，也不可能用好它。企业在导入 OKR 的时候，有一些注意事项需要了解，以免掉入陷阱里。

在即将导入 OKR 的时候，重要的是在企业中酝酿气氛，培养合适的土壤。即重新设定企业的目标，并将这个目标分享给全体成员。然后以团队为单位，思考自己能为实现目标贡献什么样的力量。在此基础之上，团队领导者向成员宣布为公司目标贡献力量的方法。这时，再把 OKR 作为实现目标的支撑手段，摆在重要的位置上。

另外，在公司内酝酿气氛的时候，管理层的沟通必不可少。管理层要统一思想，了解导入 OKR 的效果，明确导入方法，进行设定 OKR 的练习等，算是正式导入 OKR 之前的铺垫和牵引工作。虽然导入 OKR 的具体方法会因企业规模、经营模式的不同而存在差异，但在导入程序、应该把握的要点上，也存在一些共同点。

OKR 的导入程序（例）

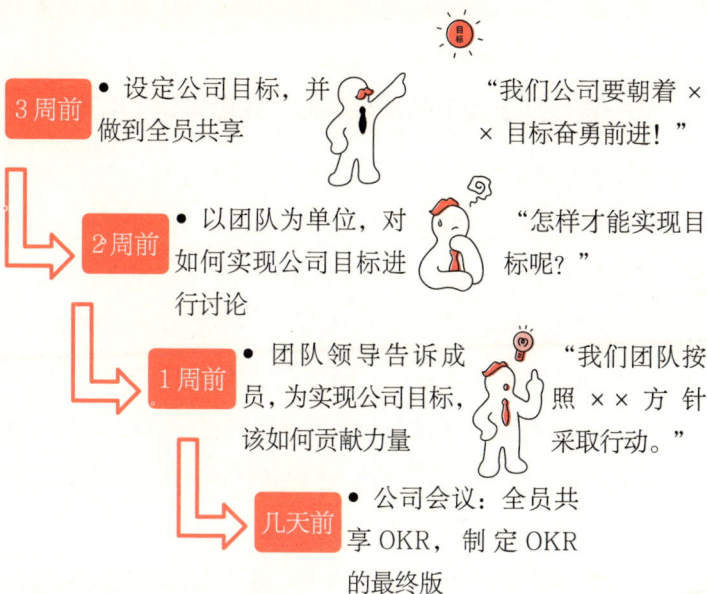

3 周前 ● 设定公司目标，并做到全员共享
"我们公司要朝着 × × 目标奋勇前进！"

2 周前 ● 以团队为单位，对如何实现公司目标进行讨论
"怎样才能实现目标呢？"

1 周前 ● 团队领导告诉成员，为实现公司目标，该如何贡献力量
"我们团队按照 × × 方针采取行动。"

几天前 ● 公司会议：全员共享 OKR，制定 OKR 的最终版

导入 OKR 的要点

❶ 获得高层管理者的支持

❷ 将导入方法慢慢渗透入公司

❸ 明确导入路径

❹ 任命导入带头人

❺ 进行 OKR 设定练习

❻ 保持管理流程的简单化

——按照从上到下的组织顺序，先后设定 OKR

所有企业导入 OKR，都绕不开一个同样的目的："让所有员工和公司朝同一个方向努力前进！"

愿望是美好的，但公司里有各种各样的分工和岗位，不可能所有员工都在做同样的工作。开发部负责搞开发，销售部负责销售商品，管理部负责管理公司……各个部门的员工都有自己的工作，差别比较大。因此，虽说我们的大口号是"让所有员工和公司朝同一个方向努力前进！"，但要设定合适的 OKR 却并不简单。

另外，拿部门来说，因为不同部门的人员构成不同，设定的 OKR 需要反复推敲、磨合；而各个部门也有自己的 OKR，那么部门与部门之间也需要就 OKR 进行反复推敲、磨合。所以，设定 OKR 的时候，需要将公司的大目标与部门、团队、员工的目标有机结合起来，在经过反复推敲、磨合之后，让各个层级的 OKR，以及同级之间的 OKR 都能达到无缝对接的程度。只有这样，才能让每个员工在实现个人小目标的过程中，对公司大目标做出贡献。

设定 OKR 的流程通常是，先设定公司 OKR，然后部门为实现公司目标再设定部门 OKR，最后再将部门 OKR 落实到个人 OKR 上。

不过，这样的流程并不是单纯的"上情下达"。在设定各级 OKR 的过程中，需要考虑上、下以及横向的反馈，然后对 OKR 进行调整。因此，反复推敲和磨合非常重要。

OKR 的设定

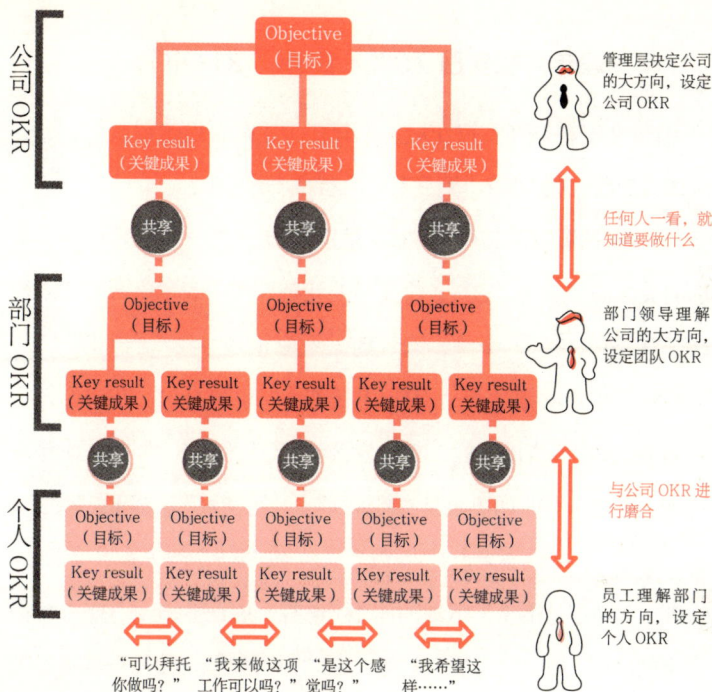

公司 OKR

Objective（目标）

Key result（关键成果） ・ **Key result（关键成果）** ・ **Key result（关键成果）**

共享 ・ 共享 ・ 共享

部门 OKR

Objective（目标） ・ **Objective（目标）** ・ **Objective（目标）**

Key result（关键成果）×5

共享×5

个人 OKR

Objective（目标）×5

Key result（关键成果）×5

"可以拜托你做吗？" "我来做这项工作可以吗？" "是这个感觉吗？" "我希望这样……"

管理层决定公司的大方向，设定公司 OKR

任何人一看，就知道要做什么

部门领导理解公司的大方向，设定团队 OKR

与公司 OKR 进行磨合

员工理解部门的方向，设定个人 OKR

设定 OKR 的注意事项

❶ 公司、部门、个人的 OKR 应该全部可视化

❷ 根据需要，进行必要的反馈，对 KR 的实现提供支持与帮助

❸ 部门之间也要进行 OKR 的推敲、磨合

❹ 部门之间、个人之间的 OKR 磨合，分别由部门负责人和 OKR 设定者进行（在结对子工作的情况下，先确定负责人）

——设定"能实现 70%~80%"的 OKR

OKR 能否顺利发挥作用，关键在于"是否设定得当"。那么所谓设定得当的 OKR，到底是什么样的 OKR 呢？

一般来说，OKR 中的"O"是定性的，"KR"是定量的。目标的大方向，就是"O"，将完成的状态以数值表示出来的"里程碑"就是"KR"。于是，两者的关系应该是"我（们）以'O'为目标，最后必须达到'KR'的状态。"也就是说，在对已设定的 OKR 进行检查的时候，首先应该看"O"和"KR"的关系是否清晰、合理。"O"的要求是"具体性"、"可测性"、"可实现性"、有"期限"，这些要求也是为了让"O"和"KR"的关系更加清晰、合理。另外，在设定"KR"的时候也有一些注意事项。如果我们设定的"O"是"射月型"目标，而"射月型"目标几乎是不可能实现的，因此只实现 70% 就算很成功了。然而，对于"射月型"的"O"，如果设定了"攻顶型"的"KR"（"攻顶型"的"KR"比较低），那么实际完成的"KR"数值可能大大超过预期。别以为这是好事，这会大大削弱员工的工作积极性。

另外，"射月型"的"O"容易因为表述含糊而变成空口号。为防止这种情况的发生，应该让公司上下充分共享、理解这个大目标，最好在目标后附加具体例子，比如，"在 ×× 方面，我们以〇〇为目标"。

成功的 OKR 案例

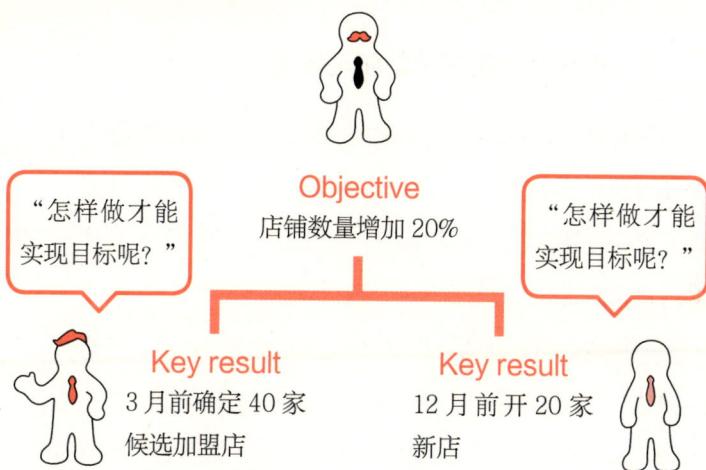

"怎样做才能
实现目标呢？"

Objective
店铺数量增加 20%

"怎样做才能
实现目标呢？"

Key result
3 月前确定 40 家
候选加盟店

Key result
12 月前开 20 家
新店

失败的 OKR 案例

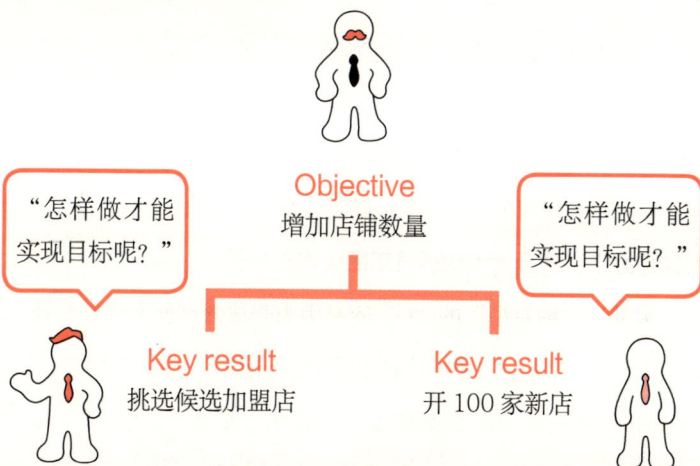

"怎样做才能
实现目标呢？"

Objective
增加店铺数量

"怎样做才能
实现目标呢？"

Key result
挑选候选加盟店

Key result
开 100 家新店

图解 2-4　△为运用 OKR，制定合适的进度表

——OKR 的进度管理和可视化

只有目标，而没有实现期限的话，那谁也不会积极采取行动去实现目标。运用 OKR 也是同样的道理。"在○○之前，实现△△目标，要达到 ×× 的状态。"像这样，要明确、具体地设定实现目标的期限，以及目标实现时应该达到的状态。

一般情况下，我建议每季度依次设定 OKR。这样的好处是可以保持 OKR 的"新鲜度"，防止员工的积极性下滑。另外，OKR 也是打造"随机应变"的组织的有效手段。因为组织所处的环境是在不断变化的，而设定 OKR 可以让组织在变化的环境中不断挑战新的目标。因为环境是不断变化的，所以，在运用 OKR 的过程中，也需要根据环境的变化对目标进行微调和修正。在调整目标的时候，期限也要跟着调整，甚至要从根本上进行修正。

在实际运用过程中，"OKR 设定"的进度表也是一个需要管理的重点对象。虽说我们以季度为时间单位进行 OKR 设定，但是，从公司 OKR 设定到个人 OKR 设定完成，大体需要两个月时间。也就是说，只剩下一个月用来实现 KR。

还有，OKR 设定的循环也未必非得每季度一次。可以根据公司、部门、团队的业务性质和形态进行适当的调整。但请大家注意，一定要保持 OKR 的新鲜度，不要因为延长了设定周期，就让 OKR 显得陈旧了。

设定 OKR 进度表的注意事项

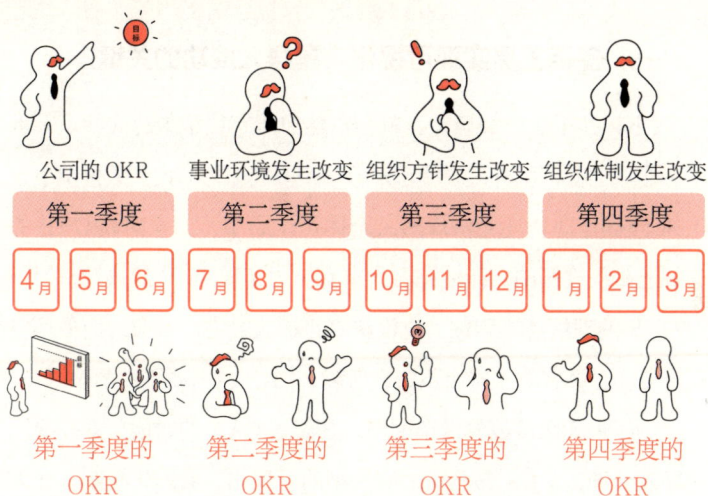

| 公司的 OKR | 事业环境发生改变 | 组织方针发生改变 | 组织体制发生改变 |

| 第一季度 | 第二季度 | 第三季度 | 第四季度 |

| 4月 | 5月 | 6月 | 7月 | 8月 | 9月 | 10月 | 11月 | 12月 | 1月 | 2月 | 3月 |

| 第一季度的
OKR | 第二季度的
OKR | 第三季度的
OKR | 第四季度的
OKR |

基本来说，每季度一次，根据组织方针和事业环境的变化，对 OKR 进行重审和微调

运用 OKR 的进度表（例：Pronoia 集团）

3 月中旬	公司管理层核心成员探讨下一季度公司的方向，并提出主题： 1. 打造让每个员工都能"实现自我"的企业文化 2. 开创新潮流 3. 带来 Pronoia 集团独特的影响力
3 月中旬~下旬	基于这些主题，设定团队 OKR
3 月下旬	在团队内实施"1 对 1"结对工作，个人将团队的 KR 设定为自己的 O，再根据个人的 O 结合个人想做的事情，设定个人 KR
4 月上旬	从 4 月初（新季度），开始运行新的 OKR

3 个月一次，设定公司、团队、个人 OKR，经过磨合，达成共识

图解 2-5　△导入让 OKR 可视化、共识化的机制

——使用工具实现可视化，是导入成功的关键

OKR 并不是一经确定，就会自然在所有员工中达成共识，也不可能马上就将所有人凝聚起来朝一个方向努力。大多数情况下，OKR 刚确定时，还无法渗透入全体员工心中，大家对新 OKR 的理解还是很模糊的。即使此时大家有努力实现 OKR 的热情，但因对 OKR 的理解还不到位，也没法真正形成合力。再有，商务环境瞬息万变，顾客需求层出不穷，所以，OKR 也需要不断调整。

为了最大限度改善这个问题，在导入 OKR 的时候，就需要同时导入一种让 OKR 在全员之间共享的可视化、共识化机制。让大家在日常工作中，随时可以看到 OKR，随时进行确认。而且，可以看到的不仅仅是自己的 OKR、自己团队的 OKR、自己部门的 OKR，还可以看到相关个人、团队、部门的 OKR。最理想的状态是所有 OKR 都能在公司里公开，所有人都可以看到其他人、其他团队、其他部门和公司整体的 OKR。这样一来，不仅可以帮助个人理解"OKR 对自己的工作有哪些要求"，还可以让个人看到其他相关 OKR 发生调整时，自己的 OKR 该做哪些相应的调整。

让 OKR 可视化、共识化的机制可以分为线上和线下两种类型。在下页，大家能看到线上、线下两种机制各自的优缺点。正因为它们各有所长也各有所短，所以，我们应该根据自己公司、组织的实际情况，选择最为合适的机制。有的时候，也可以将线上、线下两种机制结合起来。

OKR 可视化、共识化的方法（例：Pronoia 集团）

图片来自 Motify.work 的 OKR 管理系统
OKR 可视化、共识化工具可以提供多种多样的解决方案

OKR 可视化、共识化的注意事项

❶ OKR 可视化、共识化的工具有两种：线上工具和线下工具

❷ 在可视化和共识化的方面，线上工具比线下工具更加及时，而且共享范围更广

❸ 反之，线下工具不需要专门导入，公司也不需要向员工讲解使用方法，可以缩短最初的启动时间

❹ 根据状态和用途，我们既可以使用单一工具，也可以将两种工具结合起来使用

设定 OKR 时的"陷阱"

一个公司刚导入 OKR 的时候，容易落入的"陷阱"是"不太清楚设定 OKR 的尺度"。如果一个人刚跳槽到运用 OKR 的公司，他在这里第一次接触到 OKR 时，也会遇到"难以把握 OKR 设定尺度"的困惑。再有，还没有明确专业领域的职场新人，也不清楚"自己要靠什么为公司做贡献"，因此目标也难以清晰地出现在头脑中。

举个例子，假设我们设定了一个射月型目标——"改变世界"，这个目标太大、太空，让人无所适从。"世界"到底指什么？又该如何"改变"？改变成什么样子？没有具体内容，让人难以形成愿景。而只"放一只巨大的广告气球"没有任何意义。所以，在设定 OKR 的时候，目标要具体，要有冲击力，而且还要和公司的经营实际相结合。

在我们 Pronoia 集团，毫无 OKR 经验的新人加入时，设定 OKR 他也会出现困惑。如果只告诉他："请你先设定一个目标。"那他肯定一头雾水，不知该设定什么样的目标。

在这种情况下，我们会先在全体员工大会上，让新人听取别人设定的 OKR。这样，他们才能对设定 OKR 的尺度有所把握。然后在此基础之上，再采用"一对一，结对子"等方法，让前辈对新人进行具体引领和指导。通过"老带新"的方式，让新人逐渐掌握自己设定 OKR 的技巧。

第三章

如何运用
OKR

让全体员工达成
企业使命感的共识

【企业案例】Sansan

口碑不错的制度，不妨先引进试试

只要扫描一下名片，名片中的信息便可数字化，并上传到网上，在一定范围内共享。这样一来，一个人的人脉就可以在公司内部共享，成为大家的人脉。Sansan 株式会社就是面向企业提供这种"云名片管理服务"的公司。可能大家对 Sansan 公司的广告多少有点印象，其中一句著名的广告词是："你早说嘛！原来还有这种服务。"日本人在称呼别人名字的时候，都会在后面加一个"san"，而"Sansan"的公司名就来源于此，意思是把众人都联系起来，这也暗合公司的理念。在商务交往中，"名片"是"人与人相遇的一个证明"，将"名片"制作成数据库在一定范围内共享，让人脉融通，正是 Sansan 公司的理想。

Sansan 公司首次导入 OKR，是在 2015 年。原因是他们听说谷歌公司运用 OKR 后，取得了非常好的效果。Sansan 公司有一个非常好的理念，就是"只要有好的制度，我们就可以试一试"，而且"只要不是不可逆的，我们引进试试也无妨"。尝试之后，运行良好的就可以继续下去，不好的马上停止就行了，也不会造

成大的损失。这种轻松、开放的管理氛围，也是 Sansan 公司比较
早地导入 OKR 的一个背景。

　　但 OKR 在 Sansan 公司的成功，也不全是因为他们有敢于尝
试的宽松氛围。公司的人力资源总监大间祐太先生曾说："了解
到 OKR 之后，直觉告诉我，这种制度很适合我们公司。"

让员工切身感受到"个人目标与公司整体联系起来"的工具

　　Sansan 公司很重视公司的使命，是一家"使命驱动型企业"。
Sansan 公司的使命是"让相遇改变世界商业格局"，而"如何改变"
也是随时变化的。举例来说，2018 年 11 月之前，Sansan 公司提
出的口号是"将商务上的相遇变成资产，改变工作方式"，而 12
月以后他们提出的新口号是"相遇，产生创新"。

　　将公司使命如此反复地强调，甚至到了让人感觉"有点啰唆"
的地步。即便啰唆，Sansan 公司还是坚持反复强调自己的使命。
在强调公司使命的过程中，"S1 会议"起到了非常重要的作用。
所谓"S1 会议"，是原则上全体员工都要参加的早会。如今，
Sansan 公司已经取得了相当大的发展，但即便如此，每两周一次
的 S1 会议依然雷打不动。S1 会议是管理层向全体员工发送信息
的重要场所。

　　对 S1 会议的重视，可以看出 Sansan 公司付出了巨大努力将经营信息发送到工作第一线。特别是"本季度公司的目标（Company OKR）"为什么"在当前时机对于实现公司使命是必需的"？一定要向全体员工解释清楚。

　　可是，即便是把管理做到如此精细的 Sansan 公司，随着组织规模的扩大也出现了一些问题。Sansan 公司非常重视生产性的提高，所以给一线工作现场设定了很多量化目标。但是，对一线员工来说，他们很难理解设定这些量化目标背后的理由。举例来说，很多一线员工就搞不清楚："为什么电话销售的目标销售额会设定为这个数字呢？"当企业发展壮大到一定规模之后，一定会遇到"员工不知道自己的工作和公司的目标有什么联系"的问题，从某种意义上讲，这是企业发展过程中躲不开的陷阱。

　　Sansan 公司导入 OKR 的时期，也正是这种问题凸显的时期。所以，高层管理者才会从直觉上认为，OKR 可能很适合自己的公司。

　　大间祐太先生说："所谓 OKR，就是让每个员工切身感受到自己的工作和企业的使命紧密联系在一起的工具。"OKR，先设定企业整体的大目标，然后再细分，落实到部门、个人的目标。在企业的各个层级中，是以树状结构分级设定目标的，所以末端的"小目标"和整体的"大目标"之间存在什么样的联系，可以一目了然。

选 MBO 还是 OKR

"只要一种制度有尝试的价值,而且又不是不可逆的,那就尝试看看",这是 Sansan 公司一直秉持的一个理念。所以,在包括人事制度在内的各种制度上,Sansan 公司频繁进行各种尝试性的制度引进。但是,在尝试导入 OKR 的时候,他们给尝试设置了一个较长的期限——"姑且尝试半年看看",然后在全公司上下一口气导入了 OKR。因为他们认为,如果不能整体导入、不留出足够长的观察时间,很难判断导入的效果如何。

但是,一种制度和企业之间也存在一个"缘分"问题。是否和企业文化"合得来",在一个企业内部,像销售部、管理部、开发部等各部门之间也存在较大的差异,一种制度能"驯服"所有部门吗?不会产生"水土不服"吗? Sansan 公司在导入 OKR 的时候,没有思考过这些问题吗?

我先说结论吧,对于这个问题,大间祐太先生曾说:"是OKR 适合还是 MBO 适合,实际上当初我们并没有考虑太多。"

这可能是因为 Sansan 公司看中 OKR 的根本原因就是想通过导入这种制度来使"各个部门的各个员工看清自己的工作(最终)到底和什么联系在一起"。而 OKR 的强项正是让员工看清"末端的'小目标'和整体的'大目标'是如何紧密联系在一起的"。

当组织规模比较小的时候，整体目标和个人目标之间的联系非常明显，在这种情况下，运用 MBO 也可以达到不错的管理效果。大间祐太先生曾说："MBO 具有将各个部门的目标'切成大块'的倾向。完成目标，本身就是目的，MBO 不会明确告诉员工目标之间的联系。而 OKR 会首先明确指出'目的是什么'，这对激励员工效果更好。"对当时的 Sansan 公司来说，让员工理解目标之间的联系更为重要。

"目标必达"的企业文化

在 Sansan 公司，OKR 和考核报酬制度是完全联动的。Sansan 公司的人说："因为我们运用的 OKR 和原本的 OKR 有所不同。"

最大的不同点在于，原本的 OKR 会先设定一个"很难实现的高难度目标"，但对 Sansan 公司来说，在导入 OKR 之前，他们公司内部已经建立起一种"目标必达"的企业文化。在 OKR 中，被定量化设定的 KR（关键成果），到了 Sansan 公司就变成了"必须实现的目标"。但这并不是说 Sansan 公司在设定目标的时候，会把目标难度控制在自己能够完成的范围内。正好相反，他们会设定超出自己能力范围的目标，但通过努力最终往往都能实现。这就是 Sansan 公司一直保持的"目标必达"的"进攻"姿态。

这是因为 Sansan 公司所秉持的使命本身就非常宏大。为实现宏大的使命，当然需要设定高难度的 OKR。但是，如果管理者不能把"为什么要实现这样的目标"用语言向员工解释清楚，那么员工在工作过程中就会越来越迷茫、越来越疲惫。"不明白原因也没关系，照着要求做就行了！"说这种话的管理者，不是合格的管理者。只有当员工理解了目标设定的原因和背景，认清了自己的岗位和职责，他们才会自主、自律地开展工作。而且 OKR 还能激发出员工的创造性，"以往的方法不行，我们就找到可行的新方法"。OKR 就是为实现这种状态而诞生的管理体制。

公司、部门、个人之间的磨合与评价

Sansan 公司的公司 OKR 每季度设定一次，由董事长兼总经理寺田亲弘先生在 S1 会议上亲自发表。具体例如："上季度 OKR 的完成率是 ××，本季度公司的 OKR 是……设定这个 OKR 的理由是……"

在设定公司 OKR 的过程中，寺田亲弘先生会和各个董事、部长进行一对一沟通，让各部门的目标与公司 OKR 之间形成纽带，不会产生割裂。然后，每个部门的 OKR 又以树状结构向下面的组织渗透。

不过，公司 OKR 渗透到末端的一线工作现场，还是要花较长时间的。因此，Sansan 公司刚导入 OKR 的时候，曾要求个人设定 OKR，但现在已经取消了个人设定 OKR 的环节。因为要求个人设定 OKR 的话，等全体员工都设定好个人 OKR，大约需要一个月的时间。Sansan 公司每季度设定一次 OKR，如果等全体员工都设定好个人 OKR，就得花去一个月时间，也就是说，留给大家实现 OKR 的时间只剩两个月了。这就本末倒置了。于是，现在 Sansan 公司设定 OKR 止于团队一级，以团队为单位完成 OKR。

个人不用设定 OKR，那么 Sansan 公司如何对各个员工进行考核评价呢？其实也不难，主要看员工对其所在团队或部门的 OKR 做出了什么样的贡献，以此作为考核评价的基础。

另外，为了提高评价员工的透明度，除了员工直属上司进行评价，公司还会从员工周边选择最少 3 名、最多 5 名同事对其进行评价。评价结果中，上司的意见占 3 成，同事的意见占 7 成。据说 Sansan 公司在导入 OKR 之前就已经采用了这种人事评价制度。今后，员工需不需要设定个人 OKR，目前 Sansan 公司也在积极探讨。

挑战性目标对员工的激发作用十分明显

当设置的目标具体且有挑战性时，员工的绩效表现最好，这是反复强调 OKR 在设定时一定要有挑战性的原因所在。

当目标挑战性不足、员工完成度较高时，不利于激发他们的创新能力。达成目标的 60%～70% 是 OKR 的最佳得分，表示目标设置得恰到好处，员工完成了大部分目标，并有一定的提升空间。如果只达成 40% 或者不足 40%，则说明目标挑战性过高，员工完成度较低，需要考虑重新调整目标。

运用 OKR 时，
"重点"在哪里

重点 ❶

大间祐太先生说："所谓 OKR，就是让每个员工切身感受到自己的工作和企业的使命紧密联系在一起的工具。"

"导入 OKR 的意义"对于每家公司都不同，只有明确自家公司导入 OKR 的意义，才能在运用过程中尽量减少"偏差"。所以，导入 OKR 的公司都应该先想清楚"导入 OKR 的意义"，并在全体员工中达成共识。

重点 ❷

"MBO 具有将各个部门的目标'切成大块'的倾向……而 OKR 会首先明确指出'目的是什么'，这对激励员工效果更好。"

在运用 OKR 的过程中，不仅仅要明确"什么样的体制才适合我们公司"，更应该想清楚"我们公司想做什么"。

重点 ❸

原本的 OKR 会先设定一个"很难实现的高难度目标",但对
Sansan 公司来说,在导入 OKR 之前,他们公司内部已经建立
起一种"目标必达"的企业文化。

> OKR 中的射月型目标,一般设定在只能完成
> 70% 左右的难度,可以说实现射月型目标的难
> 度是非常大的。可是,Sansan 公司却设定每
> 次必须实现目标,高目标+必须实现,成就了
> Sansan 公司的飞速发展。

重点 ❹

这就本末倒置了。于是,现在 Sansan 公司设定 OKR 止于团队
一级,以团队为单位完成 OKR。

> 如果能迅速设定目标并马上进入实施阶段是最为
> 理想的。但如果全员设定目标的难度较大,也可
> 以像 Sansan 公司这样,弹性地运用 OKR。

运用 OKR 时，
有哪些"常见情况"

常见情况 ❶

设定了一个单靠现有团队无法实现的目标。

公司设定目标的时候，需要预设一个前提——全体员工共同参与。团队在设定目标的时候，也要和其他协作团队的成员一起，共同设定这个目标。不能单独设定目标，以防日后单靠自己的力量无法实现。

常见情况 ❷

仅在团队内部进行讨论之后，就对 OKR 进行变更。

在变更 OKR 的时候，个人有责任事先向相关团队、部门进行说明。如果是团队变更 OKR，那一定要向直属领导部门的负责人进行汇报，在获得批准之后才能变更。

常见情况 ❸

已知 OKR 明显无法实现，但不做任何变更。

> 在运行过程中，当发现目标绝对无法实现时，应该立即对 OKR（大多数情况下只对 KR）进行变更。如果不及时变更的话，将会对团队士气造成严重打击。

常见情况 ❹

KR 成了行动目标。

> 在不确定性较高的时候，我们可以用行动目标来指导行动（行动更重要）。但在确定性较高的情况下，还是应该用结果目标来追求较高的结果质量。

图解 3-1　△将 OKR 自信度可视化，把团队的力量凝聚起来

——可视化和共识化直接影响团队成员的士气

前面讲过，如果设定了"射月型"的目标，并要求员工必须100% 完成的话，很容易挫伤员工的积极性。这个很好理解，一个完全不可能实现的目标，却强迫必须 100% 完成，放到谁身上谁都不愿。可是反过来，如果提前就告诉员工"完不成目标也没关系"，同样不会有人积极地工作。

所以，当我们设定了一个"射月型"的 O 之后，可以明确地让员工知道"可以不用 100% 实现这个目标"，但与此同时要设定与 O 配套的 KR 就很需要技术了。为了激发或者维持员工的工作积极性，KR 要设定在"可能实现"的水平，并将这种"实现可能性"可视化，让大家都了解实现的可能，看到希望。

"实现可能性"的等级也被称为"OKR 自信度"。"OKR 自信度"，简单讲就是"对于实现设定好的 KR，有几成信心"。举例来说，对于某个设定的 OKR，如果员工有"可以 100% 实现它的自信（自信度 10）"，那么这个 OKR 就属于"攻顶型"，而不是"射月型"。而如果一个 OKR 让员工觉得"根本没有实现的可能（自信度 0）"，那样的 OKR 是无法激发员工干劲的。所以，要想设定合适的"射月型"目标，要让员工感觉"这个目标实现起来有困难，但要是拼命干的话，也不是完全没可能实现。总之，这个目标有挑战的价值！我想试试看"。也就是说，自信度在 5~6 的 OKR 是比较合适的"射月型"目标。另外，让这个 5~6 的自信度在团队内部形成共识，便可以鼓舞员工的士气，提高团队凝聚力，增强成员之间的协作，从而共同努力实现高难度的目标。

OKR 自信度的思考方法

OKR 自信度 = 对于 OKR 目标，能够"实现几成"的信心指标

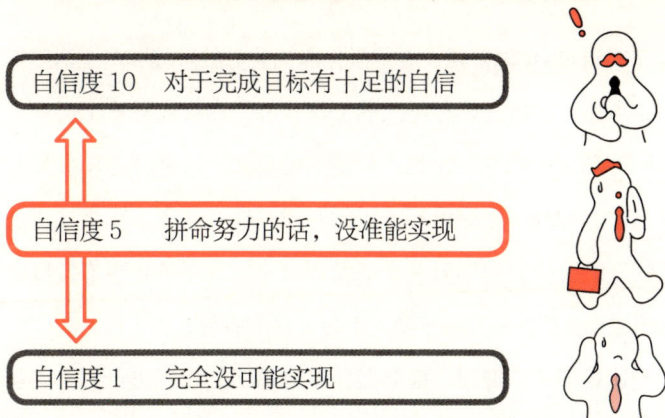

自信度 10　对于完成目标有十足的自信

自信度 5　拼命努力的话，没准能实现

自信度 1　完全没可能实现

如果设定"预计能够完成 70%"的目标，那么员工的 OKR 自信度应该在 5 左右

OKR 自信度（例：Pronoia 集团）

	自信度 10	在东京开一家 Pronoia 集团的分公司
	自信度 5	在 10 个国家开设 Pronoia 集团的分公司
	自信度 1	一个月内开一家 Pronoia 集团的分公司

图解 3-2 △通过健康、健全指标检查相关人员的状态

——确认每个成员的忙碌状态和积极性

在实施 OKR 的阶段，要定量化确认业务的进程和员工的工作状态。当然，工作进程和员工的工作状态，在很大程度上会受到员工所处环境的影响。比如，当员工的身体、心理状态不太好，或者工作不顺利，家庭出现矛盾的时候，他们的工作积极性肯定会受到影响，能力自然无法全部发挥出来。为了防止事态发展到这样的地步，团队领导应该随时把握成员的各种状态。

我建议使用"健康、健全指标"对员工的状态进行确认。在实施 OKR 的过程中，通常要定期通过"健康、健全指标"对员工的状态进行检查，发现问题的话，团队要对问题员工进行支援，帮助他们解决问题。举例来说，当员工遇到阻碍工作进程的"障碍"时，团队要想办法帮忙消除障碍。如果一个员工负责的工作明显超出负荷，已经造成员工出现身心疲惫的状况，那么就有必要从整体上调整团队分工。

在对员工的健康、健全指标进行检查的时候，不仅仅需要员工定期报告个人情况，还需要团队领导主动地去了解情况。还有一点很重要，就是把检查员工健康、健全指标的体制融入 OKR 的规则当中去。而且，员工之间了解彼此的状态，也有助于工作的协调与配合。

为了让 OKR 运转顺畅，将员工的身心健康和工作积极性始终保持在较好的状态是必要的。

健康、健全指标的案例

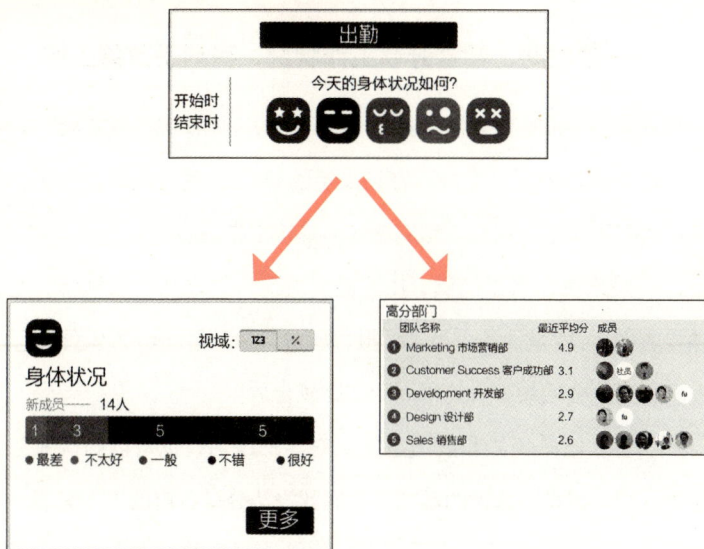

设定健康、健全指标的注意事项

- 在每周举行的检查例会上，设定健康、健全指标
- 最近发生的事情、当下的感受，要分享给全体成员
- 让全体成员把握业务（KR 的任务）的进展状况，以便开展下一步工作
- 通过员工每日申报，把握员工身体状况和精神面貌的起伏情况

图解 3-3   △在检查例会上分享完成度和 OKR 的变更

——短时间、频繁分享工作状况，有利于改善工作

在实施 OKR 的层面，频繁确认 KR 的完成情况非常重要。如果不进行确认的话，那好不容易设定的 OKR，就无法发挥作用，变得有名无实了。那么，到底该如何确认工作进展呢？

一般来说，为了确认 KR 的进展情况，要召开检查例会。所谓检查例会，就是让各个员工汇报"现在自己在做什么／想做什么"。召开检查例会的频率大约每周一次比较合适。

当然，团队领导和成员进行一对一的谈话，也可以确认业务进展状况。但是，这样的话成员之间就没法分享各自的工作进展。而召开检查例会的话，成员可以看到其他同事的工作进展，分享信息，把握整体工作状况。这也为成员之间相互协作，开展下一步工作奠定了基础。

检查例会召开的频率、形式以及时机，可以根据业务的内容进行适当调整。既可以在周一早上以例会的形式举行，也可以以网络会议的形式举行，这样那些出差在外或不方便来现场参加会议的成员，也可以汇报自己的状况、了解其他人的进展。不管怎样，举行检查例会的目的就是及时分享工作状况的变化，为相互协作、改善方法奠定基础。

检查例会上要确认的事项

❸ 确认「不顺利的原因（瓶颈）」，找出解决方法

为了消除"瓶颈"，讨论可行的支援方法，解决问题

实际上，确认那些"进展不顺利的事项"更为重要

❷「进展顺利的事项」和「进展不顺利的事项」

公司是支持个人完成 OKR 的平台

❶ OKR 的进展情况

射月型目标带来的效果

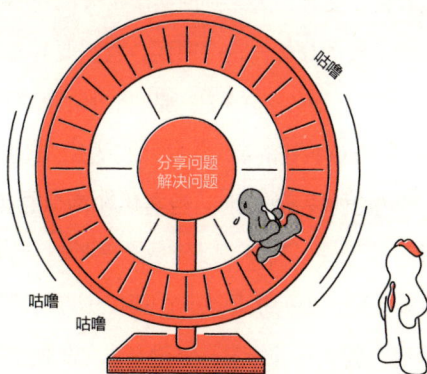

分享问题
解决问题

咕噜

咕噜

咕噜

成员之间分享问题，团队讨论解决方案，实施方案解决问题。让这个循环反复运转

图解 3-4　△根据实际情况和工作进展修正 KR

——以重审作为前提对 KR 进行评论，以确保 KR 实现的可能性

前面讲过，我们一般一个季度设定一次 OKR，但这并不等于设定之后就不能变动了。在一个季度之内，我们也需要根据实际情况和工作进展对 KR 进行重审。

重审 KR 的时机，在多数情况下，都在"评论 KR"的时候。评论 KR 的时候，通常由团队领导和成员站在各自的立场发表自己对 KR 的看法。在相互交流看法的过程中，大家思考 KR 存在的问题、解决的方法，并结合实际情况对 KR 提出修正方案。

修正 KR 的时机没有一定之规。举例来说，对于设定的 O，原本的 KR 是实现 7 成就可以了。但是，在实施过程中因为业务进度和商业环境发生了变化，大家判断实现 7 成已经不可能，或者恰好可以轻易实现 7 成的目标。这个时候，就需要对 KR 进行修正了。另外，原本 KR 和 O 是紧密联系在一起的，但是随着现实状况的改变，可能会出现 KR 与 O 脱钩的情况（即使实现 KR，对实现 O 也没有多少帮助）。出现这种情况的时候，也需要对 KR 进行修正。

但这并不等于说，我们可以轻易修正 KR，比如，"看起来当前的 KR 很难实现，咱们还是改一个简单一点的吧"。这相当于一种逃避和偷懒。我们设定 KR、修正 KR，非常重要的一点是让团队成员随时保持适当的压力感。这个压力既不太大也不太小，在保持员工积极性的同时，还要保证能够激发出他们的潜力。

评价 KR 的思维方式

✔ 能够完成 70%～80% 即可！

- 不仅要设定可能实现的目标，还要设定比较困难的目标（后者只要能实现 70%～80% 即可）

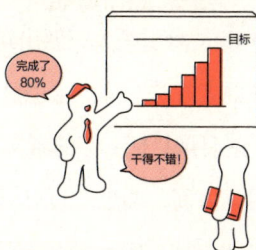

✔ 频繁地重审 OKR！

- 对组织的 OKR 与个人的 OKR 充分进行磨合，频繁进行重审

设定 OKR 的注意事项

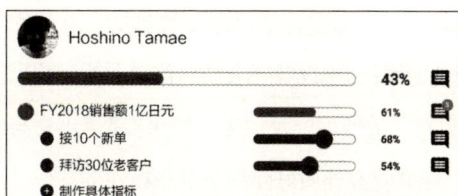

Hoshino Tamae		43%
● FY2018销售额1亿日元		61%
● 接10个新单		68%
● 拜访30位老客户		54%
⊕ 制作具体指标		

用可视化的形式展示 KR，并进行评价

"新单目标可能调低一点比较好。"

"在拜访老客户方面，是不是努力还不够？"

"关于具体指标，心里是否有数？"

"为实现 7 成目标，有没有具体方案？"

图解 3-5   △ OKR 和人事考核可以分开实施

——重视员工对公司目标的贡献

OKR 适合引领大家做出新挑战，比如"制造出全新的产品""改变既往的老方法"等。这也是 OKR 会设定"不可能实现的高难度目标（射月型目标）"的意义所在。

另一方面，要想把 OKR 和人事考核结合起来实施，并不是一件容易的事情。因为各个部门、团队设定的 O 难易度不同，判断 KR 完成度的标准也多种多样，难以进行统一的量化评判。原本人事评价就是把员工的工作业绩进行量化考核，然后体现在薪酬上。薪酬本身就是一种量化评价。但是如果要把 OKR 与人事考核结合起来，那么实施 OKR 的自由度就大大受到限制，从而失去了它原本的优势。

实际上，在导入 OKR 的日本企业中，很少有将 KR 的完成度与人事考核结合起来的情况。

而将 OKR 与人事考核剥离开来，并不会影响"员工与公司向同一个方向前进"。而且，因为 OKR 不与人事考核联动，并事先告诉员工"不要害怕失败，失败也不会追究责任"，反而能发挥出 OKR "激励员工挑战新事物"的作用。反过来，如果要把 OKR 与人事考核联系起来的话，那就要额外做好保护员工积极性的工作，以免让员工因为害怕失败而裹足不前。实际上，那些将 OKR 与人事考核结合起来的公司，并不是根据个人的工作业绩进行人事考核，而是按照团队的整体业绩来评价团队中的成员。

关于"OKR 与人事考核"的思考

❶ 当 OKR 的制度已经在公司内落地生根之后，可以将 OKR 与人事考核剥离开来

"即使不与人事考核联动，OKR 也能激励员工做出成绩"

❷ 如果通过 OKR 对员工的工作业绩进行考核的话，需要综合评价目标的难易度、完成度，员工对公司的贡献、学到的工作技巧等

"不能只评价员工创造的销售额、利润"

❸ 如果评价个人的工作业绩比较困难的话，可以将团队的业绩与 OKR 联系起来进行评价

"根据业务的特性和团队的方针，灵活地运用 OKR"

"OKR 与人事考核"的案例

谷歌	MERCARI	Swipely
• OKR 与人事考核联动 • 接受考核的员工，会反思自己的工作过程	• 人事考核以 OKR（定量评价）和定性评价双管齐下 • 根据员工是否践行"Go Bold(勇往直前）""All for One（一心一意）""Be Professional（专业化）"等行动方针，来对员工进行定性评价 • 每季度与员工进行一次面谈，敦促员工对自己的工作进行总结和反思	（规模发展到 30～80 人的 IT 初创公司） • OKR 与人事考核完全分离 • 重视反馈。采用"贴标签"等便捷的反馈系统 • 重视培养员工的工作技能，即使是销售部门的员工，最少也要掌握一项专业工作技能

图解 3-6 △通过 RACI 明确执行、说明、咨询、报告的负责人

——利害相关方的明确化和可视化

所谓"RACI"是支持 OKR 实施的一种管理方法。RACI 针对各个 OKR 设定了"Responsible（执行负责人）""Accountable（说明负责人）""Consulted（咨询负责人）"和"Informed（报告负责人）"。即明确了由谁负责执行，由谁负责进行说明、向谁咨询意见、向谁报告工作进度。

前面讲过，在实施 OKR 的过程中，需要对 KR 的完成情况进行检查，为实现 OKR 需要向其他成员寻求协作，还要根据需要对 OKR 进行重审和修正。但是，需要做这些事情的时候，如果不明确谁负责执行、由谁负责进行说明、谁接受咨询、向谁报告工作进度，那么团队内肯定会出现混乱。而 RACI 就是明确各个负责人，防止混乱的发生。另外，通过把 RACI 制成一个一览表，还能让大家清晰地把握当前团队在实施哪个 OKR，由谁负责哪项任务。当然，通常来说，团队的领导者应该对团队的 OKR 完成情况负总体责任。但如果让领导者一人承担全部责任的话，负担未免太重了。因此，通过设定 RACI 可以适当减轻团队领导者的负担，同时还能构筑起团队协力完成 OKR 的合作体制。

"RACI"的设定（例：Pronoia 集团）

Objective	Key results	Responsible
在商界掀起新潮流	以"不用推销！""没有客户！"为口号，将利润提高 3 倍	星野

Accountable	Consulted	Informed
彼得	平原	世罗

针对公司、团队、个人的 KR，都要设定 RACI

"RACI"中的职责分工

Responsible（执行负责人）	Accountable（说明负责人）	Consulted（咨询负责人）	Informed（报告负责人）
负责任务的执行。有些情况下，执行负责人会同时负责多个任务的执行	对任务或项目负全责的人。对于外部的询问，负责进行说明（说明窗口只有这一个）	接受咨询，并提供意见的人。需要双向的交流沟通	把握工作进展的人。通常是单向接受报告

　　通过设定 RACI，从公司层面看可以明确责任，防止目标浮于空中，更容易落地；从个人层面看，可以获得周围成员的协助与支援，从而更加顺利地推进工作。

"速度感"一直是个问题

在实际案例中我们经常可以看到，实施 OKR 的时候最大的课题就是"速度感"。企业通过导入 OKR，可以明确使命，让每一名员工理解"为了实现使命，我该 ×××"，在此基础之上员工可以更加积极地投身到工作中去。但是，从公司设定 OKR 到个人完成 OKR 设定，总是需要花费很多时间的。

或者说，经营者虽然"想以更快的速度推进工作"，但要让每一位员工都设定好个人 OKR，并进行充分磨合，无论如何都是需要花费时间的。为此，有一个方法就是员工个人不必设定 OKR，省却这个步骤就可以节省很多时间。

另外，在实施 OKR 的过程中，有可能出现 KR 无法完成的情况。这个时候，不要责备个人或团队，而是让他们反思"怎么做才能实现这个 KR"，再进一步追问"之前你们为什么认为一定能实现这个 KR"。有的时候，根据实际情况可以让他们果断重新设定新的 KR。Sansan 公司的人力资源总监大间祐太先生曾说："我们公司昨天还说'黑'，今天就可能说'白'

（笑）。"先不讨论公司层面的 OKR，就个人 OKR 来说，不少公司都可以让员工进行灵活的变更。而 Sansan 公司就省略了让员工设定 OKR 的步骤，这也是灵活管理的一种体现。

第四章

在实施 OKR 的过程中，为什么"一对一面谈"很重要

将 OKR 与一对一面谈联动，让员工实现自我、落实学习

【企业案例】Pronoia 集团

"新型组织"的实验场 =Pronoia 集团

Pronoia 集团是彼得·费利克斯·格日瓦奇在日本创办的公司 ①。彼得·费利克斯·格日瓦奇曾经任职于谷歌公司，担任谷歌亚太地区人才、组织开发负责人。Pronoia 集团的口号是"创造未来"。公司名称"Pronoia"大家可能不太熟悉，它来自希腊语，是"预知""预见"的意思。

Pronoia 集团通过 BizDev 咨询顾问、管理指导、研讨会等形式为企业提供组织机构改革、潜能提升、人才培养等服务。这样看起来，很多人会把 Pronoia 集团当作一家咨询顾问公司，但从实际经营形态来看，Pronoia 集团和咨询顾问公司还是存在较大区别的。

一般的咨询顾问公司，由客户提出问题，公司给出"答案"，帮助客户解决问题。但 Pronoia 集团不同，它不会单方面给出"答案"，而是引导客户企业一起寻找答案，共同制定解决问题的策略。因此，Pronoia 集团没有"客户"，只有"伙伴"。

---

① 本章案例由作者彼得及其公司成员共同撰写，意在提供不同视角。

这是 Pronoia 集团创始人彼得先生的思想，以及他对组织、人事的理解。用一句话总结就是"和伙伴一同前行，帮他们构筑美好的未来"。

另外，Pronoia 集团的组织状况也别具一格。

首先，公司的正式员工包括董事长彼得在内一共 6 人，除此之外还有 6 人兼职，然后就是 2 名大学实习生（2019 年 5 月时的状况）。虽然也设有 CEO（彼得）、COO（星野）等职位，但是所有员工并不会因为职位或雇佣形态的不同，而在业务责任上有所不同。全员都是平行的关系，在工作范围、发言范围上没有任何限制。跟伙伴企业之间的关系也一样，没有谁高谁低，都是"志同道合的伙伴"，目标是一同前行、共同进步。

彼得先生也从没有以"CEO"的身份发表过言论，反倒是他的提案经常遭到否决。比如，彼得提出一个方案，COO 星野觉得可行，建议大家"彼得这么说了，咱们就这么做吧"，这时可能会有多名员工站出来说："这个方案恐怕不行，不能实施。"结果彼得的提案就被否决了。

再说薪水，全体员工基本上是平行的，而且是透明的。正式员工都知道彼此的年薪。Pronoia 集团的人事考核制度与薪酬没有挂钩。

另外，Pronoia 集团还采用了两人一组负责一个项目的"伙伴制（buddy system）"。目的是用两个视角来审视一个项目，防止偏激，同时也可以减少一个人承受的风险和负担。像 Pronoia 集团这种规模不大的公司，鲜有采取这种制度的。

由此来看，Pronoia 集团明显有别于一般的"公司"。

大家一起讨论公司该有的形式

Pronoia 集团明确、正式地导入 OKR 是在 2017 年。在那之前，Pronoia 集团作为一家"公司"，轮廓并不清晰。当时只有正式员工，是"组织"成形的初期。从这个意义上讲，Pronoia 集团导入 OKR 基本上是和搭建组织同步进行的。

话虽如此，但对 Pronoia 集团来说，Pronoia 并没有把 OKR 当作"构建组织的工具"，而是把它看作"一种目标管理工具，根本目的是创造让每个员工实现自我的公司"。这种理念可能源自该公司"把企业文化放在首位"的经营哲学。当企业优先考虑如何让每个员工实现自我的时候，那么这个公司该有的形式就是包容每个员工各自的文化理念，为他们实现自我创造一个平台。当然，这样的公司在设定 OKR 的时候，不会设定"目标销售额×××"，而是"公司该有的形式是……"。设定销售额目标，说到底只是一种手段，绝不是本质和最终的目标。

现在，Pronoia 集团已经实现各个员工个人 OKR 的共享，但是对 OKR 的检查、重审还存在一些不足。也就是说，对 KR 完成状况的把握，以及根据完成情况对各个员工进行支援的能力还有待提高。因为每个员工所表现出来的积极姿态差距较大，所以现在，Pronoia 集团导入了将 OKR 可视化的工具，不仅仅是对 OKR 进行管理，还要将每日的重要事项和通知事项共享给所有人。尤其是正在试行的"精选片段"工具，在这个工具中任何员工都可以发表或回复意见，目的是当自己"想寻求别人帮助的时候"可以唤起大家的注意。

Pronoia 集团每周要召开一次全体员工会议——"Pronoias"。

在这个会议上，以前的主要议题是分享项目进展、传达通知事项等。但是现在，公司注意到"如果只是为了共享信息的话，没有必要非得把大家聚在一起开会"。所以，最近关于这个会议的目的，大家一致认为"真正应该讨论的东西是公司该有的形式"。

今年，"报酬""人事考核"等关键词频频出现在 Pronoia 集团的全员会议上。有意见指出："不和报酬联动的人事考核制度，已经难以发挥激励作用""用什么形式发放报酬更合理？"另一方面，作为对策，公司开始探讨实施"奖金"和"奖励"制度，以激发员工的工作动力。这是在保留两人一组的"伙伴制"工作制度的同时，用报酬反映个人贡献度的方法。比如拿"奖励"来说，每半年以"最佳×××"的形式对先进个人进行表彰，获得的"分数"可以积累起来。个人分数积累到一定程度的时候，可以兑换奖金，也可以兑换假期。如果再配以"长期休假制度"，员工积累到足够长的假期甚至可以出国留学。

在全员会议"Pronoias"上，大家会对组织运营中的各种话题进行讨论，然后尝试寻找对策。Pronoia 集团就是通过这种形式来摸索"自己理想中的组织形式"。负责 OKR 管理的星野曾经说："我们不只是单纯地为了赚钱而工作，也是为了获得学习机会而留在这个公司中。"

"一对一"的应用方法

Pronoia 集团的一对一面谈法，在导入 OKR 之前就开始实施了。

通过一对一面谈，让员工清晰地知道"自己想做些什么"，在此基础之上，彼得决定导入 OKR。而 OKR 是彼得在谷歌公司工作时就已经非常熟悉的了。也就是说，在 Pronoia 集团，一对一面谈在先，导入 OKR 在后。

Pronoia 集团的一对一面谈，是在董事长彼得和正式员工之间、正式员工和兼职员工以及实习生之间展开的。

彼得和正式员工的一对一面谈每周举行一次，正式员工会根据彼得的时间表，预约空闲时间进行面谈，在预约的时候还要写清楚自己想谈的内容。正式员工和彼得的面谈，最少需要 1 小时的时间。在面谈中，正式员工说话时间约为八成，彼得的说话时间只有两成。也就是说，彼得主要扮演的是倾听者的角色。

另一方面，兼职员工一般在白天无法参与 Pronoia 集团的工作。

因此，关于工作上的交流基本上都是在线上进行的，有的时候一周内也找不到当面谈话的机会。而且，因为时间的关系，兼职员工有时也无法参加每周一次的全员会议"Pronoias"，所以，从某种意义上说，和他们一对一面谈，是弥补他们不能出席全员会议而缺少的交流机会。负责面谈的指定正式员工，会根据自己的时间安排与兼职员工和实习生的一对一面谈。

正式员工与兼职员工一对一面谈的内容一般是"今后你将如何参与 Pronoia 集团的工作？你想如何参与工作？"以及"Pronoias 会议上提出的公司 OKR"与"兼职员工个人 OKR"如何磨合等。一对一面谈的频率基本上也是一周一次。根据双方的时间，可以在晚上一边悠闲地共享晚餐一边面谈，也可以在线上以视频对话的形式进行。另外，根据需要，对于兼职员工或实习生，有时彼得也会亲自进行一对一面谈。

在和兼职员工、实习生面谈的时候，一般都会以当前开展的业务为中心内容进行面谈。具体包括对当前工作的态度、推进方法、在公司想学到的东西以及自我实现的机会等，并在此基础上对员工提出工作水平的要求。另一方面，彼得在和正式员工的一对一面谈中，多会涉及有关公司运营的话题。

一对一面谈有很多积极的效果，但星野认为其中最重要的是"可以了解员工在哪些方面进展不顺利"。一般来说，员工在平常的环境中不太愿意透露"自己在这里遇到瓶颈，裹足不前了""无论如何也无法突破眼前的障碍"。但在一对一面谈时，讲出这些情况相对比较容易些。如果员工能在早期暴露出这些问题的话，公司就可以尽快建立支援体制，以帮助员工解决问题。

在进行一对一面谈的时候，注意不要出现攻击性的发言，一定要营造一种"让员工能够说出平时不想说的话"的氛围。换句话说，让对方在心理上感觉到安全，是将一对一面谈的作用发挥到最大的关键所在。

谷歌"一对一"的实际应用方法

谷歌内部实际的管理方式是，主管每周会与下属进行一对一的 30 分钟面对面沟通，每个月也会有二级主管安排一对一的 30 分钟面谈，直接与主管针对工作上的进度或者疑问进行沟通。每周五由 CEO 和高阶主管参与，进行一个半小时的 TGIF（Thank God It's Friday——谢天谢地，总算到周五了）员工会议，员工可以通过现场或在线直播方式参与，直接了解当周公司的重要信息，也能够直接提问。每半年通过 360 度的绩效评价，员工可以取得直属主管和工作相关部门员工的评语和建议，此结果将影响个人的未来晋升、奖金、加薪。这样高强度的管理和持续性绩效管理的互动，就是谷歌可以将 OKR 真正落地的原因。

OKR 与一对一面谈
联动时的"重点"在哪里

重点 ❶

Pronoia 集团的一对一面谈法，在导入 OKR 之前就开始实施了。……一对一面谈在先，导入 OKR 在后。

导入一对一面谈机制，不一定非要先导入 OKR，可以单独导入一对一面谈机制。但是导入 OKR 的时候，必须导入一对一面谈机制。

重点 ❷

正式员工会根据彼得的时间表，预约空闲时间进行面谈，在预约的时候还要写清楚自己想谈的内容。

在后面的图解中我还会详细讲到，一对一面谈的一个原则就是由员工来设定议题。

重点 ❸

正式员工和彼得的面谈，最少需要 1 小时的时间。在面谈中，正式员工说话时间约为八成，彼得的说话时间只有两成。

一对一面谈的目的是让员工说出他们所面临的问题和困难。所以一定要避免"领导单方面的说教"。

重点 ❹

在进行一对一面谈的时候，注意不要出现攻击性的发言，一定要营造一种"让员工能够说出平时不想说的话"的氛围。

要想让一对一面谈真正发挥作用，必须在领导和员工之间营造一种"可以放心暴露问题"的氛围。也就是说，确保员工的心理安全非常重要。

OKR 与一对一面谈联动时，有哪些"常见情况"

常见情况 ❶

员工一味发泄对职场的不满。

一对一面谈不是帮员工缓解压力的工具，主要目的是理解员工在工作中遇到的困难，从而帮他们设计解决方案，并提供支援与帮助。虽然一对一面谈也允许员工适当发发牢骚，发泄情绪，但不要忘记原本的目的。

常见情况 ❷

太忙的时候，一对一面谈就暂时省略掉了。

只有定期和员工进行一对一面谈，才能发挥这种机制的效果。通常每周一次，至少也要两周一次。只有这个频率的一对一面谈才能对 OKR 的实施起到支援作用。

常见情况 ❸

一对一面谈变成了领导进行单方面指导的工具。

> 有不少领导把一对一面谈变成了自己单方面指导员工的工具。但实际上，在一对一面谈中，领导应该更多地倾听员工的声音，让他们自己说出困难或问题，然后引导他们思考解决的办法。

常见情况 ❹

员工没有事先准备议题。

> 要想让一对一面谈产生积极的成果，事前准备是必不可少的。员工应该事先按轻重缓急的顺序准备多个面谈的议题，而且至少要在面谈前一天准备好，并发给领导过目。

图解 4-1　△如果能够有效实施一对一面谈，将会产生
　　　　　各种积极的成效

——通过定期的沟通构筑信任关系

所谓"一对一面谈"，顾名思义，就是领导和员工定期进行一对一的沟通交流。日本最早导入一对一面谈机制的大企业是日本雅虎。事实证明，一对一面谈机制给日本雅虎的人才培养带来了显著成效。因此，这种机制近年来也受到日本企业的关注。原本，OKR 和一对一面谈是两种不相关的机制，但导入了 OKR 的企业基本上都同时实施了一对一面谈机制。

实施一对一面谈的频率可能会根据不同职场形态有所不同，但我认为每周一次是最理想的。一对一面谈的议题应该以员工的工作进展情况为主。特别是一对一面谈和 OKR 同时实施的时候，沟通的内容应该集中于"为了在期限内完成 KR，当前应该保持什么样的工作进度""现在的完成率是多少""如果当前完成率低于预期的话，那么原因在哪里？如何挽回""对于设定好的 O，现在的 KR 是否合适"等。在此基础上，领导和员工还要探讨如何根据实际需要协调其他员工或团队进行支援。

一对一面谈不是"领导找员工谈话"，而是"员工主动找领导诉说困难，寻求支援"。领导通过启发、指引，来激发员工的潜在能力，从而帮助员工成长，最终达到实现自我的目的。与此同时，员工的工作能力提高了，也就能更好地实现 OKR。

OKR 与一对一面谈并用的效果

效果 ❶

提高员工能力

对员工完成 KR 时遇到的问题，
领导给予启发和指引

效果 ❷

员工和公司同向而行

帮员工思考自己的方向是否与
公司 OKR 一致

效果 ❸

提高工作效率

哗啦　咔嚓　喂喂 OK

嘚里嘚啦

在其他人的支援下，员工可以
高效地开展工作

效果 ❹

不断成长，实现自我

解决问题，完成 KR，员工不
断成长，实现自我

图解 4-2　△一对一面谈离不开心理安全感

——建设性的意见对立，能催生新的挑战意识

在一对一面谈的过程中，领导要想给员工正确的启发和指引，前提条件是了解员工真实的工作状况以及他遇到的问题。这就需要员工能够开诚布公地讲出自己的工作状况。但现实中，不少员工对于毫无隐瞒地向领导陈述自己的工作状况和遇到的问题，内心怀有抵触感。可如果员工隐瞒了重要的问题，或报告了虚假内容，那么一对一面谈就失去了意义。

所以，在进行一对一面谈的时候，员工能够"毫无隐瞒地报告，开诚布公地交流"最为重要。为了实现这种畅所欲言的交流，必须让员工感觉到"即使我说真话，也不会有任何负面的压力"。这种状态一般被称为"心理安全感"。

维持心理安全感，是"说起来容易做起来难"的典型代表。例如，通过一对一面谈，领导不仅了解了员工的工作进度、工作方法，还能深入了解到员工的工作态度和思维方式。有些领导在了解这些情况之后，就会很自然地产生控制部下的想法。甚至领导自己并没有想控制员工的主观意图，却会不自觉地做出控制他们的行为。举个例子，比如，领导知道员工当前工作进展不顺利的时候，很可能会强制要求他换一种工作方法。但是，这种强制性的行为，会大大损害员工的心理安全感。

也就是说，在一对一面谈时，领导要学会抛出"你觉得怎么做更好呢"的问句，以便引导员工自己思考。

什么是心理安全感？

所谓心理安全感，就是员工在公司里可以活出自我，而不会感到有负面的压力，或者是鼓励同事之间存在建设性意见对立的状态

例如

"某员工要挑战新任务的时候，领导和同事会提供支援与协助"

"在公司里不会感受到有负面的压力"

"团队内做决策的时候，每个人的意见都会受到尊重"

心理安全感的作用

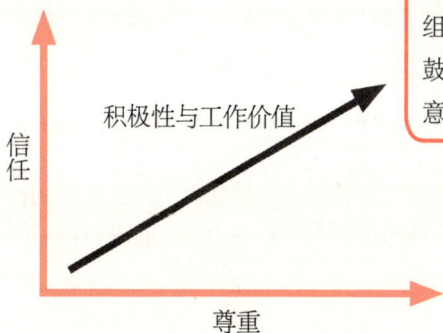

能让员工感到心理安全的组织，应该是结构平行的、鼓励成员之间存在建设性意见对立的组织

积极性与工作价值

信任

尊重

公司信任员工、尊重员工，反过来员工也会信任公司，心理安全感就高

图解 4-3·△一对一面谈由员工进行设置

——不是"领导→员工"，而是"员工→领导"

对员工来说，通过和领导一对一面谈可以整理自己的状态，在工作上获得领导的启发和指引。因此，一对一面谈的设置，应该由员工来做。

基本上，每周举行一次一对一面谈是比较理想的。对于业务时间表比较固定的公司，可以每周选择固定的一天实施一对一面谈。

另外，一对一面谈的时间最长应该控制在 1 小时左右。根据实际情况，低于 1 小时也没关系。尤其是一位领导要和多名员工面谈的情况，如果每人面谈的时间太长，那恐怕要占用领导很多的时间。这个时候，不必非得遵守"1 小时"的时间规定。当员工报告完毕，通过谈话问题也解决了之后，就可以换下一位面谈了。

面谈的形式也可以根据工作内容、业务形态的不同而灵活安排。面谈，当然是在办公室里面对面谈话效果最为理想，但如果面谈实在有困难，以在线视频对话的形式也可以。有的时候，约在咖啡馆里边品尝咖啡边谈（或者下班后边小酌边聊天），也是不错的选择。

总而言之，"员工是面谈设置的主体""高效沟通的同时不要浪费太多时间""开诚布公地对话"是一对一面谈的基本要求。

一对一面谈的思维方式

思维方式 ❶

由员工发起、为帮助员工而花时间实施的面谈

拜托您了！

如果由公司或领导主导一对一面谈，往往收效不佳

思维方式 ❷

不一定非要限定时间和场所

嗯嗯

只要和员工把问题谈清楚，就可以提前结束面谈，不必非得谈满 1 小时。在咖啡馆或餐厅也可以进行一对一面谈

思维方式 ❸

前一天中午前就要确定谈话议题

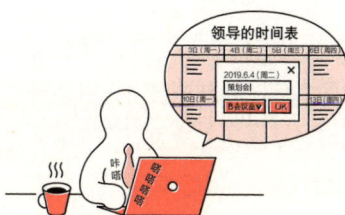

领导的时间表

如果员工不能事先确定谈话议题，领导可以取消一对一面谈

思维方式 ❹

从一般话题开始，逐渐进入正题

先从一般话题谈起，让员工放松之后再进入正题

图解 4-4 △一对一面谈，促进报告、共创与内省

——引出话题，促进员工自我醒悟

把 OKR 与一对一面谈配套导入的时候，在一对一面谈中要对 OKR 的完成情况进行确认，但仅仅是确认进展还远远不够。领导还要频繁地通过提问的形式提醒员工深入思考 OKR 的意义。举例来说，导入 OKR 的目的之一是"让个人与组织同向而行"。也就是说，员工个人的 OKR 必须和团队或公司的 OKR 紧密联系在一起。在一对一面谈中，领导要让员工思考，自己通过设定、实施 OKR 对团队或公司做出了哪些贡献。员工在思考过程中，如果发现了自身的不足，领导还要引导他设计、制定对策，以弥补不足。另一方面，如果能让员工在完成 OKR 的同时还能达成自我实现的目的，就最为理想了。这也是在一对一面谈中，领导应该重点提示员工的，因为领导的点拨对员工的成长非常重要。另外，员工个人的 OKR，也会对其他同事的 OKR、团队的 OKR 乃至公司的 OKR 造成影响。因此，领导必须检查确认员工个人的 OKR 与其他各种 OKR 是否存在紧密而恰当的联系。在和员工一对一的面谈中，领导可以对员工个人的 OKR 设定、实施进行指导，当员工遇到困难的时候，领导还要号召其他员工对其进行支援。如果发现该员工实现 OKR 的进度出现了拖延或滞后，领导也要及时告知其团队和其他员工，以便进行支援，协助其赶上进度。还有，领导还要帮员工检查其个人 KR 是否与当前的商务环境发生偏离，一旦发现偏离，则需要马上进行修正。

在一对一面谈中，不仅要把握员工的工作进展情况，还要引导员工深刻理解工作的意义，并不失时机地给予员工一些"启发"，帮助他们更好地应对日后的工作。

一对一面谈的思维方式

你应该做这个

知道了

你需要什么样的帮助？

这个问题该怎么解决？

　　根据员工的水平，领导的谈话内容也应有所改变。员工水平低，目标也不应太高，或者选择其他方案

在一对一面谈中领导该问些什么？

我的梦想是……

Hello！

Hello！

我想挑战……

我想成为 ×××样的自己

我希望有一天……

　　一对一面谈是领导和员工沟通交流的重要工具之一。通过交流，双方理解彼此的想法，以便相互协作、支援。平时不好开口的话，比如，各自的梦想、想挑战的事情，甚至是野心，都可以在一对一面谈的过程中毫无压力地表达出来

图解 4-5　△面谈议题应该事先成形，并按轻重缓急排序

——让最小限度的时间发挥最大限度的作用

一对一面谈，首先不应该给领导和员工双方造成过度的负担，为此，在面谈的时候应该以最少的时间取得最大的效果。可是，要实现这一点，谈话的节奏必须把握好。那么如何才能把握好谈话的节奏呢？方法也不难，就是事先准备好面谈的话题。

说到事先准备面谈话题，很多朋友容易产生误解，认为准备话题完全是员工的工作。实际上，这项工作员工和领导都应该参与。在员工进行一对一面谈设定的时候，要事先整理面谈的话题，这个工作确实应该由员工完成。但话题整理好之后，在面谈之前还要呈报给领导过目。而且员工呈报给领导的面谈话题，应该按照轻重缓急进行排序，让领导把握各个话题的重要程度。如果企业同时还在实施 OKR 的话，那么一对一面谈话题应该包括个人 KR 的进展情况、KR 的内容、今后的具体行动计划、需要的支援等内容。其中，关于支援的请求、行动计划等，还要设置具体期限，比如，"在 × 月 × 日之前"，以便在面谈中和领导讨论具体实行的可能性。

领导在面谈之前看过员工呈报的话题，可以提前把握员工的问题，做好应对准备，也可以根据需要把信息共享给其他员工，或从其他员工那里获得可用信息。另外，当发现员工呈报的话题还没有达到可以面谈的水准，可以要求员工重新拟订话题，或者干脆取消一对一面谈，等员工准备充分后再开启面谈。

还有一点，员工在拟订面谈话题的过程中，可以反思自己所处的境况与面临的问题。换句话说，一对一面谈最大的目的——"启发"，在员工拟订面谈话题的时候就已经开始了。

一对一面谈的话题（例）

①　②　　　　　　　③　　　　　　　　　④

【报告】❶ 本周的项目进展报告（10 分钟）

【决定】❷ 决定本年度对 A 公司的提案事项（15 分钟）→带有附加资料

【决定】❸ 决定项目 B 的策划书（15 分钟）→带有附加资料

【创造】❹ 设计制作 × 月 × 日公司外部活动的内容（20 分钟）

【创造】❺ 讨论 C 公司培训内容的方向性（10 分钟）

【内省】❻ 从最近的成功、失败体验中学到的东西（包含隐私性的经验）（20 分钟）

⑤

【报告】❼ 拜托领导在期限内确认资料 D、E、F（1 分钟）→资料已送达，截止日期：× 月 × 日前

① 注明议题期待输出的类型
② 按轻重缓急为议题排序
③ 注明每个议题大约需要的讨论时间
④ 必要的资料事先进行分享
⑤ 当前谈的话题和日后应该做的事情分开

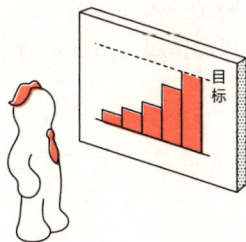

目标

图解 4-6　△确认个人对公司 OKR 的贡献、确认 O 的有效性

—— 一对一面谈与 OKR 联动，让 OKR 真正发挥作用

在一对一面谈中，领导要询问员工 OKR 的意义和推进方法。领导的询问主要分为三个方面。第一，询问员工对实现公司或团队的 OKR 做出了什么贡献。也就是说："员工个人 KR 的推进对实现公司或团队的 O 做出了哪些贡献？"通过思考这个问题，可以确认个人的 OKR 对公司或团队是否有用。

第二，为实现 OKR，和其他同事应该进行怎么样的协作。现在的商务工作，基本上都不可能一个人独立完成，需要别人的支援和配合。因为有了同事的协作，个人 OKR 才能更快、更好地完成。

第三，让员工确认"个人 OKR 当前是否还有效"。因为我们所处的商务环境在不断变化，公司的经营方针也可能发生调整。所以每一名员工都必须时常检查"自己的 OKR 在当前环境下对实现公司或团队的 O 是否还有效"，如果发现已经无效，那就应该立即修正个人的 OKR（尤其是 KR）。

在 OKR 实施层面，上述三个问题是一对一面谈中领导必须时常询问员工的。实际上，这样的追问也有助于让员工找到"对实现 OKR 有用的实际行动"。反言之，通过一对一面谈，把握员工完成 KR 的进展，再不断追问其 OKR 的意义，可以达到敦促员工采取实际行动的目的。从这个意义上说，进行一对一面谈是实施 OKR 过程中必不可少的环节。

在一对一面谈中确认个人对公司 OKR 的贡献、确认 O 的有效性

❶　　　　　　对实现公司 OKR，你做出了哪些贡献?

- 是否投入了足够的时间?
- 是否具备充分的知识和技能?
- 是否采取了有效的战略，制订了有效的计划?
- 是否筹集到必要的预算?
- 能否进行正确的选择或判断?

❷　　　　为实现 OKR，和其他同事展开了怎样的协作?

- 能否得到本团队成员或其他部门员工的支援?
- 他们是否具备充分的知识和技能?
- 团队内能否开展最大限度的协作?
- 与你协作的同事能否进行正确的选择或判断?

❸　　　　　　　　目标的有效性

- 当前个人的 Objective 和 Key Results 与部门或公司的 OKR 是否紧密联系在一起?
- 优先顺序是否正确?
- 每季度的计划是否完备? 还是需要修正?
- 不仅要专注于个人 OKR 的实现，还要审视自己是否有意识地对团队或公司 OKR 的实现贡献力量。
- 实现个人 OKR，不仅要在公司内部创造价值，还要审视是否也为客户和公司整体创造了价值。

Hamee 公司
如何设定一对一面谈

在前面的章节中，作为案例我们介绍了 Hamee 公司。这家公司在导入 OKR 之后，紧接着就实施了一对一面谈制度。

在 Hamee 公司中，普通部门一对一面谈的频率是每周一次，而时间相对比较紧张的客服部门，进行一对一面谈的频率是每月一次。面谈的时间从 30 分钟到 1 小时不等，原则上是直属领导（高一个等级）与员工进行面谈。经理级中层干部一般由执行董事进行面谈，一般员工则由经理或副经理进行面谈。

Hamee 公司在开展一对一面谈的过程中，遇到一个伤脑筋的问题，就是员工和上司性格不太合得来。比如，之前一对一面谈一直运转良好，但因组织人事变动，和员工面谈的经理换人后，面谈就难以开展了。对一对一面谈的方式方法、内容等，员工表现出诸多不满，但实际上，出现这种问题的责任并不一定全在经理身上。也许有人认为是经理在实施一对一面谈时在方式方法或内容上存在不足的地方，但更多的情况下是员工和新经理性格不合造成的问题。

　　实际上，Hamee 公司在开始实施一对一面谈的时候，对员工进行了问卷调查。其中很多员工表示"上司能花时间和我们沟通交流，是件很好的事情"，但同时，员工也表现出一定的心理畏惧感，如"（无意识地）就会说一些上司喜欢听的话"。

　　要想在公司更好地开展一对一面谈，还需要对所有人进行教育，而现在看来，Hamee 公司在这方面的教育还存在不足。今后，这也是我们要研究的重点课题。

第五章

OKR 给企业
带来哪些改变

公司与团队目标一致的话，就不会出现"多余的议论"

【企业案例】Uzabase

及时纠正业务现场与公司战略的偏离

Uzabase 创立于 2008 年 4 月 1 日，以"用经济信息改变世界"为使命，为企业客户提供全面的经济信息，帮助企业在经济活动中做出正确决策。Uzabase 公司事业的支柱有两个，一个是企业、行业信息搜索平台"SPEEDA"，另一个是社会经济媒体"NewsPicks"。2015 年，"NewsPicks"独立为公司，成立"株式会社 NewsPicks"独立运营。

Uzabase 采取公司制，在导入 OKR 的时候并不是公司整体导入，而是以部门为单位单独导入。最先导入 OKR 的是搜索平台"SPEEDA"的对日服务部门。该部门于 2016 年下半年开始导入 OKR，其导入的原因还要追溯到前一年。在 2015 年年底，"SPEEDA日本"出现了未完成销售目标的状况。虽说已经完成了目标的将近 99%，但该公司秉持的理念是必须 100% 以上完成目标，所以，未完成目标对他们来说绝不是一个小问题。

经过反思和研究，该部门发现未能完成目标的原因在于"业务一线人员的意识和公司战略发生了偏离"。在当时，Uzabase 公司制定的战略是"专注于亚洲市场"，但"SPEEDA 日本"部门从日本市场用户身上发现了很多有别于其他亚洲市场用户的需求，而日本市场用户的数量又具有压倒性优势，因此"SPEEDA 日本"的开发团队更加重视日本市场用户的需求。但公司的整体方针是"专注于亚洲市场"，即"整个亚洲市场"，"SPEEDA 日本"因此无法应对公司整体战略的要求。

如何才能解决这个问题呢？部门的目标和公司的整体目标发生偏离，所以当前肯定需要对各种目标进行梳理，排列先后顺序，争取进行整合。但是公司高层已经确定了先后顺序，让工作一线的各个部门只是按此执行的话，恐怕容易损害一线部门的工作积极性，也难以让多个部门、团队进行有效协作，这样并不符合 Uzabase 公司的理念和风格。

为此，当时"SPEEDA 日本"的负责人佐久间衡先生（现任 FORCAS 集团公司的董事长兼日本风投调查公司的董事长）把以前整个公司共通的分析员团队和开发团队按照地域进行了单位划分，即对组织体制进行了更新，从而使不同地域的团队可以专注于各自目标市场的用户。

更新组织体制的目的在于，使一线工作团队可以迅速做出决定，根据各自地域的用户需求提供更有针对性的服务和价值。但是，为了实现这一点，必须要求新组织具备"顺畅工作的体制"。这种体制就是 OKR 和一对一面谈。于是，在 2016 年下半年，"SPEEDA 日本"部门率先开启了 OKR 之路。

导入 OKR 并非一帆风顺

但是，"SPEEDA 日本"导入 OKR 的过程可不是一帆风顺的。在决定导入 OKR 之际，佐久间衡先生在美国著名的问答网站"Quora"上查阅了大量资料。结果发现，在美国，关于"OKR 应有的样子"也是众说纷纭。在网上关于 OKR 的争论，甚至像美国宗教论战一样激烈而无休无止。而且，虽然有很多人赞同 OKR 的理念，但在实际导入中却遇到各种各样的困难。

在美国有关 OKR 的众多信息中，佐久间衡先生意识到"没有一种 OKR 对所有组织都通用、都有效"，于是他决定"先导入 OKR 尝试一下，尽早遇到失败也可以尽早进行调整"。佐久间衡先生知道，不可能导入 OKR 就马上取得成功，所以他已经做好了心理准备，要以失败为前提导入 OKR，在不断试错、纠正的过程中，找到"适合自己部门的 OKR"。而现实中，"SPEEDA 日本"部门从开始导入 OKR，到 OKR 的思维方式完全在组织内推广开来，足足花了一年以上的时间。

但有一点非常幸运，佐久间衡先生说："以下'七个规则'是 Uzabase 公司提出的所谓'共通价值观'。而这'七个规则'和 OKR 的契合度非常高。"

Uzabase 公司的"共通价值观"

规则 1：奉行自由主义

规则 2：没有创造性就没有意义

规则 3：从用户的理想出发

规则 4：用速度感动用户

规则 5：迷茫的时候，选择挑战之路

规则 6：向旋涡之中的朋友伸出援手

规则 7：出奇的能力也是一种才能

当 Uzabase 公司的员工超过 30 人，经常发生"意见相左"的情况时，公司制定了上述"七个规则"。制定这些规则的目的是在保护多样性思维方式、激发多样性才能的同时，让员工在大方向上保持一致。现在这"七个规则"已经成为 Uzabase 公司员工的行动方针。

将这"七个规则"与 OKR 进行对比我们可以发现，规则 1、2 与主人翁意识相关；规则 3、4 与用户相关；规则 4、5 与提升员工能力相关……所有这些规则，都和 OKR 的关键词存在密切联系。换个角度看，就是说 OKR 与 Uzabase 公司的"企业文化"契合度非常高。

那么，在导入 OKR 之后，"SPEEDA 日本"部门发生了哪些变化呢？对于这些变化，佐久间衡先生的形容是：

"OKR 是一场盛典。"举例来说，现在佐久间衡先生任董事长的 FORCAS 集团公司，2019 年第一季度的 OKR 是"团队迎接新成员"。通过设定这样的 OKR，全体员工都积极参与到招聘新员工的工作中来。他们会主动介绍优秀的朋友参加公司的招聘。结果，经过老员工介绍和推荐，公司共录用了 7 名优秀新人。从这个过程中我们可以看出，设定的 OKR 就是公司当前最重要的主题，借此激活员工之间的沟通交流，把他们的力量拧成一股绳，为公司服务。

OKR 在带给员工"兴奋感"的同时，能够唤醒他们的主人翁意识，促进其成长，对经营者也能带来积极正面的效果（据说 FORCAS 集团公司负责实现 OKR 的团队改名叫作"热血沸腾团队"）。也就是说，每一季度经营者提出应该聚焦的主题，为了实现这个主题，经营者要想办法让一线团队良好地运转起来。其实，这对经营者自身来说，也是一种锻炼、成长的好机会。

根据业务的实际状态，改变运用的规则

因为谷歌和脸书都采用了 OKR，所以很多人以为 OKR 和开发部门的契合度都比较好。但是，对 Uzabase 公司来说，第二个导入 OKR 的部门竟然是公司管理部门。公司管理部门围绕在部门负责人——执行董事松井忍先生的身旁，于 2017 年 8 月开始导入 OKR。

在导入 OKR 之前，公司管理部门的实际状态是"难以将组织的目标渗透到每名员工心里"。

　　特别是 Uzabase 公司在上市前后，骨干员工都被繁忙的工作压得喘不过气来。就连松井忍先生，也要作为"运动员"冲在工作第一线，根本没有时间和精力作为"教练员"指导公司的管理工作。这导致公司"职场的氛围不断恶化"。大家也意识到了问题的严重性，为了改善这种情况，管理部门自发地开始导入 OKR，他们的目的就是想为公司做力所能及的贡献。

　　管理部门导入 OKR 也是摸着石头过河，据松井忍先生说，最艰难的部分是"很多业务的成果不好定量化"。对管理部门来说，没有"销售额"之类定量的目标。而且，一个项目的周期都比较长，无法按季度制定目标。再有，管理部门需要实际操作的业务比例比较高，特别是在人员不充足的情况下，大家都是满负荷工作，没有更多时间去挑战"主动性的目标"，所以这样的目标往往流于"画大饼"，根本没办法去实现。拿劳务部门举例，要计算每个员工的薪水，这项工作是容不得半点差错的，所以劳务部门的员工肯定会优先干好这项工作。在这种情况下，他们哪还有余力挑战"主动性的目标"？

　　这也是很多人吐槽"管理部门不适合导入 OKR"的理由。实际上，Uzabase 公司的管理部门在导入 OKR 之初，基本上完全复制了"SPEEDA 日本"部门的方法，结果出现了很多问题，在反复试错之后，才逐渐改变了 OKR 的实施规则。其中最大的一个改变，就是将 OKR 与"自行申报实际操作业务的比例"有机结合了起来。对管理部门来说，把日常的实际操作业务准确无误地做好，就要耗费最多的时间和专注力。开始导入 OKR 的时候，管理部门的员工切身感受到 OKR 不适合自己的工作性质，所以不时有人批评说："只为了 OKR 的目标，很难开展工作！"于是，在导入 OKR 数月之后，管理部门决定让各个团队自行调整"实际操作业务"和"OKR 业务"的最佳比例。

而且，关于 OKR 特有的"挑战型目标"，管理部门允许某些团队可以根据自己的实际情况不进行设定，允许他们设定一个"可能实现的目标"。

意思就是说："这样的目标如果实现了，那是理所当然的事情，不过也可能因为某些因素无法实现。但完全不可能实现的目标，咱们就不去挑战了。"管理部门把实施 OKR 的方式方法进行了因地制宜的改良。

即使住在泰国也能继续为公司工作

和松井忍先生一同在管理部门推进 OKR 的还有管理总部沟通团队的经理山田圣裕先生。山田圣裕说："即便如此，一开始还是有很多人不会设定合适的 OKR。"最初，山田圣裕先生是作为导师进入每个团队，和松井忍先生一起为大家讲解"什么是 OKR""为什么要导入 OKR"。

另外，关于 OKR 实施进度的报告方式，也随着组织的扩大在不断发生变化。组织规模比较小的时候，每个团队的进度大家都可以一目了然，因此大家可以像对待自己的事情一样对待周围团队的 OKR。但是，随着组织的不断扩大，各个团队只在自己团队的例会上报告 OKR 进度，效果就不好了，因为各个团队之间缺少了横向的了解。

为此，管理部门改变了进度报告方式，采取"在管理部门全体例会上报告OKR"的方式。全体例会的主持人由大家轮流担任，大家事先制作报告材料，并进行必要的讨论。主持人还会指定员工对报告进行点评，从而把会议的气氛激活。也就是说，有意识地打造一种"对每个团队的 OKR 都进行充分讨论"的氛围。

对 OKR 的实施规则进行一系列改良之后，结果就凸显出来了。比如，只要 OKR 一经设定，其效果就开始逐渐显现。以前，只是机械性地开展业务的管理部门员工，现在开始思考"我到底想做些什么"，并在此基础上设定了"业务外的目标"。山田圣裕先生说："打破了管理部门常有的'被动工作感'，一下子提高了士气，让大家能够把专注力聚焦在工作上。"

变化最大的当数总务团队，尤其是设定的"乌尤尼项目"和"加勒比项目"两个 OKR，给团队带来了巨大的变化。

"乌尤尼"近年来在日本非常出名。乌尤尼是南美洲玻利维亚的一个盐沼，也是世界上最大的盐沼。进入雨季，乌尤尼盐沼就会呈现出一个没有一丝波纹的"巨大水面"，就像一面巨大的镜子映射出天空的模样，那景象真可谓美不胜收。"乌尤尼项目"的出发点，就是想将办公环境打造成像乌尤尼盐沼一样平静、光洁的样子。该项目的主体是总务团队的成员，但实施起来之后，整个公司都被感染了。大约 3 个月之后，公司里每张办公桌上都不再摆放多余的物品，整个公司的环境整洁了很多，真正打造了一个舒心、平静的工作环境。

另一个"加勒比项目"，目标是"即使总务团队的员工身处地球另一边的加勒比海，同样可以完成公司的工作，无论何时何地，都可以开展工作"。Uzabase 公司本身就是一个"员工无论在何时何地都可以开展工作"的公司，而只需应对公司管理层和客户电话的管理部门员工，也没有必要非得来公司才能工作。

在"加勒比项目"实施的时候，公司先给员工配备了 IP 电话，从公司外部可以直接拨打员工移动手机和部门移动电话。另外，公司还调整了各部门的工作流程，相关资料都保存在云端，从公司外部也可以调取。这样一来，即使不来公司，员工也可以完成各种管理工作。

另外，各个会议室也都配备了电视会议的设备，人不在公司也可以参加电视会议。实际上，松井忍先生因为家人专职到泰国，他每个月有四分之三的时间在泰国生活，但这并不耽误他作为执行董事在公司的工作。可以说，这就是"加勒比项目"的功劳。

与重视使命的企业文化非常吻合

在 Uzabase 公司，实施 OKR 的规则，一般交给部门负责人或团队领导来自行把控。以前面介绍的 "SPEEDA 日本" 部门为例，他们会设定一年的 OKR，但每季度只设定 O，而不设定 KR，因为对这个部门来说，没有办法设定具有工作意义的 KR。另外，关于领导与员工的一对一面谈，各个团队可以自行掌握频率和方式，有的团队每周都会进行一次一对一面谈，而有的团队只会每月进行一次。

Uzabase 公司会根据职位和职务设定薪水等级，OKR 基本上是不和人事考核挂钩的。换句话说，公司对各个职位、各个职务的员工都有一定的要求——"应该达到某个标准"，如果达不到的话就不能晋升、不能加薪。顺便说一句，在 "SPEEDA 日本" 部门，这套薪水等级标准是向全公司员工公开的。"SPEEDA 日本" 部门公开薪水等级标准，这引发了管理部门员工的大讨论。在充分讨论之后，管理部门也决定公开薪水等级标准。在公开的过程中，大家可以 "了解彼此的价值观"。

综上所述，在 Uzabase 公司中，部门和团队的裁决权比较大，实施 OKR 的规则就变得非常灵活。

这样一来，部门或团队领导可以组织下面的员工一起讨论，也可以和上面的执行董事切磋琢磨，结果，在沟通交流的过程中就设定了 OKR，而且在实施过程中也可以根据实际情况对 OKR 进行灵活的调整。另外，因为 Uzabase 公司在录用员工的时候非常重视"员工是否认同公司的价值观"，所以被录用的员工基本上都赞同"OKR 很适合我们的公司"。公司管理层也没有"为什么要导入 OKR"的质疑。关于"使命"这个词，以前很多人认为"它是飘在空中的，只是空洞的口号罢了"，但如果让"使命"接地气，能够与现实结合起来，那将为公司的发展提供强大的动力。

从某种意义上讲，Uzabase 公司导入 OKR 的意义就在于"把大家各自的目标和行动进行共享，以消除相互之间的猜忌，从而减少不必要的争论"。今后，Uzabase 公司也会不断在实施层面对 OKR 进行审视和修正，以防止 OKR 流于形式。

执行 OKR 时，一定要注重团队的契合程度

通常每个人都愿意努力达到最高层级的 OKR，但随着目标分层、往下发展，部门间的协调就可能产生问题。

员工有自己的基本 OKR，但由于要协助不同部门，可能过一周后就得投入不同的项目中，效率反而下降。有时候，他们的工作取决于哪位领导的要求比较紧迫。于是，需要每个季度多召开一次部门整合会议，主管要报告彼此的依赖关系，并特别讨论 OKR 之间的合作关系，例如："各部门是否都已得到足够的支持？""是否有团队缺乏资源，要如何改善？"确保两个或数个团队即使致力于不同的小目标，也能相互合作，从而朝着企业最大的 OKR 前进。

灵活运用 OKR 的"重点"在哪里

重点 ❶

佐久间衡先生意识到"没有一种 OKR 对所有组织都通用、都有效",于是他决定"先导入 OKR 尝试一下,尽早遇到失败也可以尽早进行调整"。

> 这种思维方式非常重要。导入和实施 OKR 没有一定之规,也没有一成不变的方式方法。反言之,要想导入和实施 OKR,必须寻找与自己公司相适应的方式方法。

重点 ❷

规则 1、2 与主人翁意识相关;规则 3、4 与用户相关;规则 4、5 与提升员工能力相关……所有这些规则,都和 OKR 的关键词存在密切联系。

> 实际上不存在哪个职位或部门适不适合 OKR 的问题。"适合与不适合"跟公司的商业模式和企业文化存在密不可分的关系。

重点 ❸

每一季度经营者提出应该聚焦的主题，为了实现这个主题，经营者要想办法让一线团队良好地运转起来。

OKR 不是自上而下，而是自下而上的思维方式，但指出组织前进的方向却是领导的工作。如果领导做不到这一点，他就不是一个合格的领导。

重点 ❹

全体例会的主持人由大家轮流担任，大家事先制作报告材料，并进行必要的讨论。主持人还会指定员工对报告进行点评，从而把会议的气氛激活。

在 OKR 的实施层面，应该尽力制造出一种让大家享受 OKR 评价程序的氛围。这是高层管理者应该承担起来的责任。

灵活运用 OKR 时，
有哪些"常见情况"

常见情况 ❶

被导入 OKR 时的规则所束缚。

> 在实施 *OKR* 的时候，只有不断探索适合自家
> 公司的实施方式，同时根据实际情况随时进行
> 灵活修正，才能取得成功。所以，请不要犹豫，
> 一定要随时修正。

常见情况 ❷

员工之中充斥着"被动工作"的无力感。

> 领导应该尽力让员工感受到实施 *OKR* 的快乐，
> 同时让 *OKR* 成为他们自己工作的一部分。要
> 想把 *OKR* 这个工具用好，运用的一方（领导）
> 应该多下功夫。

常见情况 ❸

只有一部分员工对 OKR 感兴趣。

在导入 OKR 的时候，企业经营者必须郑重向员工宣布此事。要让 OKR 的思维方式和实施方法渗透入员工的心里，并固定在组织内部。在此过程中，经营者发挥的作用非常重要。

常见情况 ❹

强制性地将 OKR 与人事考核相关联。

没有必要非得将 OKR 与人事考核关联起来。特别是当企业想把薪资与 OKR 关联起来的时候，一定要事先进行充分的调查、研究、分析、调整。否则盲目地将员工薪资与 OKR 联动的话，很可能造成负面影响。

图解 5-1   △对公司目标的理解程度，极大地影响员工满意度

——OKR 是"底线"的保证

这里所说的"底线"，是指员工对公司的经营方针、人事考核、工作生活平衡、薪水、福利等的最低满意状态。OKR 可以有效保证这个"底线"。

企业导入 OKR 之后，要求员工与企业同向而行，因此员工就要不断检查、确认自己前进的方向，这个过程可以加深员工对企业目标、愿景的理解程度。而且，如果企业的 OKR 不能激发员工的干劲，不能让员工产生"跃跃欲试"的感觉，那员工也不可能和企业同向而行。因此，企业需要充分了解员工的心意和总体舆论倾向，结合这些因素制定的经营方针才能让员工产生共鸣。

另外，和 OKR 结合实施的一对一面谈制度，也有助于员工建立对公司和领导的信任感。因为他们在一对一面谈中可以感受到"自己的想法、自己的工作方法可以被领导看见（自己获得了充分、客观的评价）"。如果信任感不足的话，团队、个人的 OKR 就会和部门、公司的 OKR 发生偏离，而且还会不断凸显，迟早会引发较大的危机。所以，当发现不同层级的 OKR 发生偏离时，公司就要及时制定对策加以纠正。另外，还有很多企业不会向员工公开人事考核、薪水、福利等制度的指导方针，容易让员工产生不必要的疑惑和猜忌。而导入 OKR 的企业，一般都会向员工公开人事考核、薪水、福利等制度的指导方针，以避免员工在这方面耗费不必要的精力。

由此可见，OKR 可以提高"员工满意度"，从而保证"底线"。

"底线"的含义

底线

是指员工对公司的经营方针、人事考核、工作生活平衡、薪水、福利等的最低满意状态。是员工满意度调查的重要指标

底线的效果

底线

| 能够理解企业的经营方针 | 感觉自己得到了充分、客观的评价 | 能够得到充分的休息 | 薪水也比较丰厚 | 福利也比较优厚 |

满足感的良性循环

"员工满意度"直接关系到"客户满意度"

客户满意度上升

埋头于工作

干劲提高

OKR 与"底线"的关系

企业导入 OKR 后,要求员工与企业同向而行,因此员工就要不断检查、确认自己前进的方向,这个过程可以加深员工对企业目标、愿景的理解程度

通过一对一面谈和其他形式的沟通交流,员工感觉自己得到了充分的关注和评价

经营方针、人事考核、薪水、福利等制度的指导方针都公开在员工面前,可以消除员工对公司的不信任感

图解 5-2　△职业目标的设定，促进员工的成长

——导入 OKR 增加"学习机会"

这里所说的"学习机会"，是指"员工对自己设定的职业目标，大致上可以实现的状态"，或者"为促进自己的成长，而获得学习机会的状态"。而企业导入 OKR，可以增加员工学习的机会。

OKR 设定的"射月型"目标，给员工一个远大的理想，可以激发他们"跃跃欲试"的工作热情，还能让他们不满足于眼前的工作，唤醒心中"我想让自己的视野更加开阔，想让自己的工作更上一层楼"的渴望。一个远大的目标，可以让员工意识到"如果沿用以前的工作方法，肯定无法达成这个目标"，因此他们会主动去学习全新的思考方式、工作方法、技巧和知识。

学习全新的思考方式、工作方法、技巧和知识，就可以设定为 KR。举例来说："在 3 个月内，我要学会 ××× 技能，并让它在工作中形成战斗力。"挑战远大的目标，是促进人学习的强大动力。

一个可以给员工提供"学习机会"的职场环境，不仅对职场中的人有好处，对外面的人也有很大的吸引力。当今的日本社会，存在着严重的人才不足问题，而可以提供"学习机会"的职场环境，无疑会让企业在招聘活动中处于优势。"那家公司鼓励员工挑战新事物""那家公司出来的员工个个都非常优秀"……这样的口碑，就为企业吸引人才营造了一个良好的外部环境。而吸引来优秀人才，可以让企业变得更强大，这是良性循环的典型案例。

"学习机会"的含义

学习机会

"员工对自己设定的职业目标，大致上可以实现的状态"，或者"为促进自己的成长，而获得学习机会的状态"

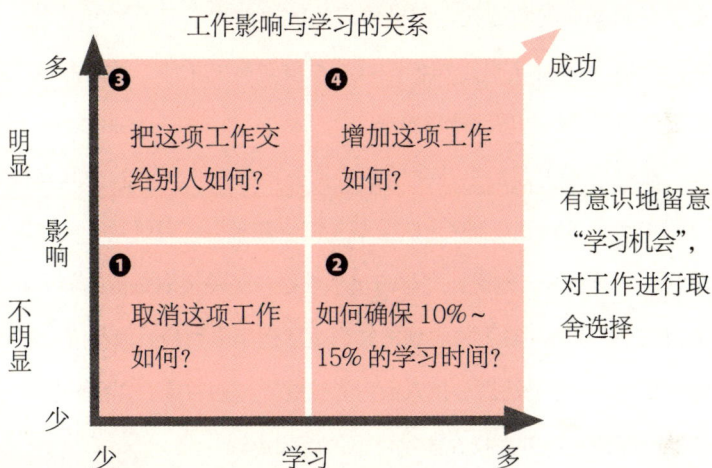

工作影响与学习的关系

	学习 少	学习 多	
影响 多（明显）	❸ 把这项工作交给别人如何？	❹ 增加这项工作如何？	成功
影响 不明显	❶ 取消这项工作如何？	❷ 如何确保 10%～15% 的学习时间？	

有意识地留意"学习机会"，对工作进行取舍选择

OKR 与"学习机会"的关系

挑战 OKR 设定的"射月型"目标，可以让员工获得全新的经验、技能和知识

因为挑战的是不可能成功的目标，所以员工不会被以往的成功经验或方法所束缚，在挑战过程中可以明确自身的不足，找到学习的方向

因为允许员工挑战、允许他们失败，所以员工也敢放心大胆地挑战，也知道自己一定能有所长进、有所收获

图解 5-3　△积极地接受难度较高的工作

——实现 OKR，提高学习灵活性

这里所说的"学习灵活性"，通俗地讲就是"学习速度"，包括开始学习的敏捷性、切换学习的敏捷性和学习的速度三个方面。OKR 可以促进员工积极地挑战难度较高的工作，从而激活他们的学习灵活性，促进个体成长。

总部位于美国的全球化组织咨询公司——光辉国际顾问咨询公司（Korn Ferry）的 CEO 盖里·博宁森曾谈了自己对于"学习灵活性"的看法，他说："学习灵活性是从经验汲取知识的能力和欲望，并能在新环境下将学到的知识灵活运用直到最后取得成功。"也就是说，学习灵活性是指人会自主挖掘学习的对象、学习的内容，并随时保持对新鲜事物充满学习欲望的姿态。

另外，光辉国际还绘制了一幅人才能力坐标图（参见下一页）。该图有两个坐标，一个是在专业领域的成熟度（maturity），另一个是在新领域的灵活性（agility）。在这幅坐标图中，越往右上方向走，就越是重要的人才，也是组织成长所不可或缺的人才。设定了"射月型"目标后，如果员工依然按照以前的节奏按部就班地学习，那肯定是无法实现这个高难度目标的，所以，光辉国际不仅要求员工在专业领域具有相当高的成熟度，还需要员工在新领域具有一定的灵活性。而员工为了开发自己的新能力，也会积极主动地要求参与难度较高的工作，从而获得新的学习机会。

"学习灵活性"的含义

学习灵活性

即"学习速度",包括开始学习的敏捷性、切换学习的敏捷性和学习的速度三个方面

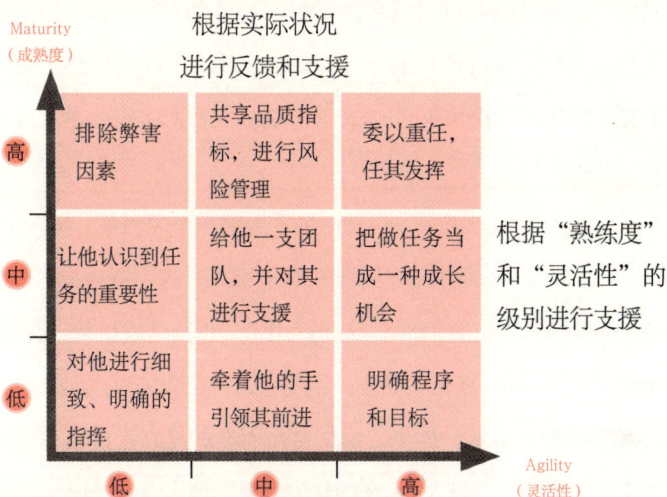

根据实际状况
进行反馈和支援

Maturity（成熟度）			
高	排除弊害因素	共享品质指标,进行风险管理	委以重任,任其发挥
中	让他认识到任务的重要性	给他一支团队,并对其进行支援	把做任务当成一种成长机会
低	对他进行细致、明确的指挥	牵着他的手引领其前进	明确程序和目标
	低	中	高 Agility（灵活性）

根据"熟练度"和"灵活性"的级别进行支援

OKR 与"学习灵活性"的关系

OKR 与 KPI 和 MBO 相比,可以根据更快的循环速度对目标(O)进行修正,因此学习灵活性比较高

因为员工可以获得日常反馈,所以可以提高日后的学习灵活性

因为挑战的是不可能实现的目标,所以员工可以将束缚手脚的枷锁和过时的信息全部抛弃(不管学习状态如何)

图解 5-4　△推荐周围的朋友到自己的公司来工作

——通过导入 OKR，提高了员工对企业的"黏着性"

所谓黏着性，是指"员工对企业、组织的热爱、自豪感和归属感"。成员热爱自己所在的组织，对组织有归属感，为了实现组织的目标，所有成员能够分工协作、彼此支援，这样才能够成就强大的组织。而导入 OKR，对于提高成员对组织的黏着性，具有非常积极的作用。

背后的理由有很多，但其中最重要的一个原因是，导入 OKR 后，可以让全体成员共享组织的愿景。而且，这个愿景并不是组织单方面强加给成员的，而是以成员为主体，由全体成员共同创造的。换句话说，随着 OKR 的导入，不是将组织与个人对立起来，而是让组织和个人实现一体化。成员自然而然就建立起自己和组织一体化的意识，这是导入 OKR 的最大效果。

如果组织全体成员都具有"组织的环境由我们共同打造"的意识，他们就不会产生"组织没有给我带来任何好处""在这种组织里只能让我感到痛苦"之类的负面情绪。他们能深刻理解到"能否改善组织的环境，全看我自己怎么做"，从而感受到工作的价值和意义，自然也就对组织充满自豪感和归属感。

由此可见，导入 OKR 可以加深成员对组织的信赖和热爱，让他们积极主动地参与组织的建设，从而给组织的运营搭建一个良好的环境。

"黏着性"的含义

黏着性

成员对组织充满热爱、自豪感和归属感。例如，他们会积极地推荐自己的亲人、朋友到自己的公司来工作

黏着性的效果
黏着性

对企业的经营方针充分理解	企业是员工实现自我的舞台	员工可以活出自我	员工努力的结果对企业或其他人都有贡献

组织运营
的良好环境

"黏着性"有助于企业和员工之间建立良好的关系

拜托您了

成为充满魅力的
企业

感受到工作的
价值和意义

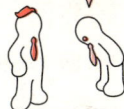

信任组织

"黏着性"与OKR的关系

导入OKR后,公司基层员工的想法会受到重视,并据此对团队、公司的目标进行修正。由此，员工对自己的工作、公司产生喜爱之情和自豪感

员工通过思考"我想通过工作获得什么"，来改变对工作的认识

如果员工能够理解"上季度、上一年的工作对当前的工作有什么作用"，他们就能感受到自己的成长，认识到工作的价值和意义

图解5-5   △射月型目标提高员工对变化的适应能力

——OKR 打造"高创新型组织"

所谓"高创新型组织",是指组织成员对挑战新事物充满渴望。而 OKR 对于打造这样的组织非常有效。

本来,像射月型目标这样的高目标,只遵循常规的思维方式和方法是根本不可能实现的。从另外一个角度说,设定射月型目标的前提,就是高涨的创新性。没有创新性是不可能设定射月型目标的。当然,并不是说设定了射月型目标,就能马上激发大家的创新性。不过,通过每季度设定一次 OKR(特别是 KR),可以在组织中营造一种随时进行新挑战的氛围。从这个意义上说,射月型目标也有助于激发员工的创新积极性。

另外,更重要的不是把激发创新性作为目标,而是通过设定目标促进员工追求工作上的理想,其结果才是激发出员工的创新积极性。一般来说,创新性可以分为 Needs 型(目的志向型)和 Seeds 型(技术志向型)。相比之下,实现可能性更高的是 Needs 型。也就是说,要实现某种 Needs(理想、梦想),就要使用某种手段(创新性),这是极其合理的。

另外,在实施 OKR 的时候,不仅要设定目标和完成状态,还要通过一对一面谈等形式,随时向员工发出追问,让他们自己不断反思自己的工作目的。这是维持员工"不断改善现状"的工作动力的方法。

第五章　OKR 给企业带来哪些改变　137

"高创新型组织"的含义

高创新型组织

可以很好地适应变化，随时处于改善状态的组织。
或者说，不断使用最新技术或方法的组织

谷歌公司的组织结构

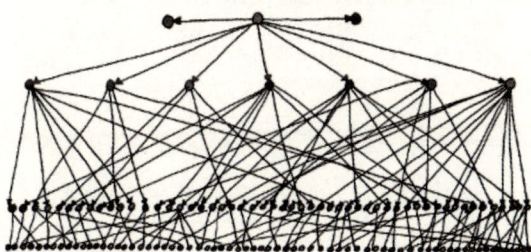

组织内的"非正式网络结构"催生创新

"高创新型组织"与 OKR 的关系

　　要打造高创新型的组织，员工的心理安全感和协力合作是关键，但也需要严格的责任分工和高期待。通过导入 OKR，可以让看起来彼此矛盾的两个方面和谐共存

> 允许失败与对学习欲望的严格要求

> 尝试的欲望与严格的规则

> 心理安全感与残酷的坦诚

> 团队协作与个人责任

> 虽然是平行结构但也有强有力的领导

OKR 还可以当作
"宣传工具"使用

Uzabase 公司的管理部门在实施 OKR 的时候，设定了"乌尤尼项目"和"加勒比项目"两个射月型目标，结果取得了意想不到的效果。

那么，针对这样的射月型目标，他们是怎样设定 KR 的呢？

举例来说，"乌尤尼项目"的目标是打造一个干净整洁、一尘不染的办公环境，为此设定的 KR 是"每月进行一次大规模扫除""各团队都要设置'卫生队长'""每天安排人在办公室巡回收垃圾"等。当然，为了实现目标，需要周围其他各部门的支持与协作。但是，有人认为把其他部门也发动起来，这个有一定的难度。

可实际上，管理部门将自己的 OKR 通知其他部门，并和他们建立协作体制的过程并没有想象中那么难。其实，像这样分享 OKR 的方法，也适用于公司内统一思想、目标。

发现 OKR 的这种宣传功能后，Uzabase 公司甚至开始探索将 OKR 用于招聘活动。具体方法是把各个部门的 OKR 向公司外部公开，把公司内的工作气氛传达给有兴趣的应聘者。

把具有特色的 O 向外人公开，让他们更容易理解公司各部门的设置、特点和目标。这样可以起到非常好的宣传效果，以吸引更多、更优秀的人才。

第六章

如何进一步
活用 OKR

案例 6 聚焦目标的最佳工具

OKR 与价值，双管齐下的评价标准

　　Mercari 是以智能手机为平台的日本顶级二手商品交易 App。Mercari 于 2013 年开始二手商品交易服务（创立之初叫作株式会社 KOUZOU，后来更名为株式会社 Mercari），创立之初便人气爆棚，当年即入选 Google Play（谷歌商店）"2013 年最佳 App"的"最佳购物类 App"。后来，Mercari 作为日本首个独角兽企业（未上市时，估值已超 10 亿美元），于 2018 年 6 月在东京证券交易所上市，它的极速成长受到世人瞩目。

　　Mercari 作为一家高速成长企业，也积极推进 OKR 的导入。也可以说，正是因为 Mercari 导入了 OKR，才让 OKR 在日本的知名度空前提高。很多日本人知道 OKR，就是因为听说"Mercari 公司导入了 OKR"。"谷歌公司在采用 OKR，而日本公司中 Mercari 也采用了 OKR"，这让很多日本人对 Mercari 公司的好印象又提升了一步。

　　Mercari 公司的 CPO（首席产品官）滨田优贵先生在讲述公司导入 OKR 的契机时曾说："当时 OKR 在日本鲜为人知，一开

始，我们也只是想了解一下 OKR 到底是什么东西。"

而且，正好 Mercari 公司当时"想适当地调整一下人事制度"，所以，导入 OKR 时没有遇到什么障碍。

当初，在大家都不太了解 OKR 的时候，先要对公司中的所有人解释 OKR 到底是什么东西。虽然大家的理解可能千差万别，但公司首先告诉大家，关于 OKR"没有一个标准的正确答案"。有了这颗"定心丸"之后，基本上就没有人反对 OKR 的导入了。不过，Mercari 公司没有"把 OKR 当作一种终极人事制度"的想法。

Mercari 公司提出的企业愿景是"创造一种能够产生新价值的世界性市场价格"。所以，公司 OKR 基本上是根据这一愿景设定的，然后，各部门的 OKR、各团队的 OKR、个人的 OKR 都是与此紧密联系在一起的。

另外，Mercari 公司同时用了一套独特的评价体系，那就是"价值"。"价值"包括三个方面的内容："Go Bold——勇往直前""All for One——一切为了成功""Be Professional——专业精进"。这三个价值在 Mercari 公司已经深入人心，而且大家讨论问题的时候，随时都会搬出三个价值的术语，比如："在这个问题上，你有没有 Go Bold？"

每季度公司会给按照各个价值的标准工作出色的员工颁发"Value（有价值）奖"，而对于在三个价值方面都做出突出贡献的员工，则会颁发"MVP（最有价值选手）奖"。前面有 OKR 进行定量评价，与此相对，再根据价值评价进行定性评价。因此，

Mercari 公司同时采用了数值可测和数值不可测（定量和定性）的两套评价系统。他们一直强调："我们非常重视使命和价值。"其实这也是"OKR 与价值"两套评价系统并用的原因所在。

KR 尽量简单明了

如前所述，Mercari 公司导入 OKR 的目的是让全体员工共享公司的大方向，即统一思想。而具体管理则交由各部门的经理负责，各部门经理的裁决权比较大，他们可以根据自己的判断做出决定。因为该公司很重视"自下而上"的管理理念。

Mercari 公司公布的公司 OKR 呈金字塔状结构，但在细节上，各组织之间、各层级之间并没有要求做到"严丝合缝"的磨合。说到底，这是由该公司导入 OKR 的目的决定的，他们导入 OKR 的目的就是把员工的视线"聚焦在目标上"。不过，各个部门、各个团队的 OKR 会公布在公司开发的管理系统软件上，大家都可以进行查阅和确认。

另外，Mercari 公司还有一些显著的特点，比如，"O 与 KR 可以没有明确的关联""KR 设定一定要简单明了"。我们都知道，OKR 的基本原则是"O 提示一个远大的理想，KR 则是为实现远大理想而设定的具体小目标"，但是，这样一来，设定 KR 的时候容易走向另一个极端，就是 KR"过于细微、过于具体"。结果就是严重束缚了一线工作人员的手脚。另外，如果像"这项工作应该 ×××，那项工作必须 ×××"这样，规定得过于具体，团队全体成员的视线就不容易统一，这是非常危险的。因为成员之间的行动不协调，无疑会给团队领导带来更多的麻烦。所以，"KR 可以设定得粗放一点"，这样的思维方式更有利于一线员工大胆地发挥自己的能力。

举个例子，美国版 Mercari 的产品经理团队面对"将美国事业进一步扩大"的 O，设定了如下 KR（节选自 2017 年 5 月号网络杂志《CAREERHACK》中的一篇文章——《为什么 Mercari 的产品团队把 90% 的资源都用到了美国版 Mercari 上？》）。

- 美国用户的查询数量出现减少趋势
——将卖家的查询数量控制在 ××%
——将买家的查询数量控制在 ××%
- 将美国市场的阅读 GMV（流通总额）提高到 ×× 美元
——将持续率控制在 ××%
——将出品数量控制在 ×%
……

Mercari 公司刚开始导入 OKR 的时候，就以季度为循环单位。当然，当时也出现了一些顾虑，比如"每三个月就要进行评价，无论对评价的一方还是被评价的一方来说，都是很大的负担""关于面谈，考虑到时间成本的话，太频繁了，成本太高"等。Mercari 公司所处的商业领域，是时刻瞬息万变的互联网世界。如果设定目标的周期比较长，那么几个月过后商业状况可能发生很大的改变，到时，原定目标的价值也可能会随之发生改变。因此，公司的管理层认为，设定目标的周期太长的话，可能导致公司无法适应环境的变化。管理层最终决定每季度设定一次 OKR。

为了让各团队之间分享自己的 OKR，公司还会定期组织员工外出集体培训或外出开会。为防止上司和部下之间发生意识偏离，并确认 KR 的完成进度，一对一面谈也会定期实施。对于处于极速成长期、员工人数不断增加的 Mercari 公司，上述举措是统一思想不可或缺的。

随着 OKR 的导入，Mercari 公司的员工，逐渐可以做到将自己的工作与公司愿景结合起来进行思考了。结果，每个员工都能明确自己"现在应该做的事情"，并把握自己工作的价值。这正是 Mercari 公司导入 OKR 的真正意义所在。

对"Mercari 的工作状况"进行"现场直播"的 mercan

在 Mercari 公司内，还运营着一个内容平台——"mercan"，大家可以把自己的工作状况发表在这个平台上。

这样的公司内部平台可能算是比较独特的，Mercari 公司里各个部门的员工都积极地在该平台上发表内容，包括日常的工作状况、最近发生的趣事等。另外，公司想让大家周知的事情，比如，市场新动态、公司新目标等，也会以公告的形式发出来。总而言之，这个平台就像一个充满乐趣的"博客"。

内容平台"mercan"就像一份公司内部刊物，但令人感兴趣的是，"mercan"也对公司外部开放。实际上，运营"mercan"首先是为了促进公司内部的相互理解，但同时也给公司招聘带来了极大的好处。因为外部的人可以通过"mercan"看到 Mercari 公司的工作状况，这吸引了很多对该公司感兴趣的人才。

OKR 也多次出现在"mercan"平台上。前面我们讲过，各个部门对于自己 OKR 的管理，大部分都是由部门经理自行判断、裁决。从这个意义上说，"mercan"平台上发布的描写工作状态的文章，展示 OKR 是如何对一线员工发生作用的，可谓是非常珍贵的内容。

举个例子，2019 年 1 月 11 日的"mercan"上发表的一篇文章写的是 Mercari 公司旗下一家子公司的"人才与公司文化团队"外出培训的情况。

这次外出培训共有三项内容。第一项内容是全体成员参加了个人资质调查，成员们通过回答各种问题，以把握自己的资质和能力。第二项内容是发表 OKR。第三项内容是"新年书画会"。

发表 OKR 是这次培训的重要内容。"部长和团队领导分别发表了自己 1~3 个月的 OKR，并对 OKR 的含义和对员工的期待做了详细说明。随后还讨论了行动计划。"

另外，2018 年 3 月 27 日的"mercan"，还发布了负责全公司事务管理的"管理部门"（人事、公关、市场调查、劳务、总务、税务、财务、金融、法务、总经理办公室、管理程序开发等 12 个团队）

半年一度外出培训的情况。公司总经理也参加了这次培训，实质上，这个培训直接关系到公司整体方针的制定。

举办这种活动的目的是"让各个部门、团队分享自己未来半年的 OKR 和行动计划。然后通过讨论，让管理部门的各个团队深入地理解自己所扮演的角色和发挥的作用，从而进一步提升实力"。

也可以说，这样的活动正是 OKR 在 Mercari 公司已经扎根的证明。

改良执行目标流程，聚焦在最重要的事上

OKR 的概念很简单，组织先设定有挑战性、能鼓舞人心的目标（Objective），并搭配 3~5 个关键结果（Key Results），组织需要了解员工会如何衡量是否能达到这个目标。换句话说，关键结果要依附在目标之下，必须对目标有直接而具体的贡献。

只要确实做好了关键结果，团队目标就有希望达成。即便有了目标，员工很可能想法不一，各做各的事，OKR 正是要解决这个问题。OKR 能让组织更契合，造就团队合作。不论你是董事长、部门主管，还是基层员工，它要求所有人都能看见彼此的 OKR，每个人都能知道其他人在做什么。

近几年来，愈来愈多企业都已导入这套管理系统，不论你是想要有更好的目标管理工具，还是想让企业更稳定地成长，都可以开始接触、学习 OKR。

重点
6

进一步活用 OKR 的 "重点"在哪里

重点 ❶

前面有 OKR 进行定量评价，与此相对，再根据价值评价进行定性评价。因此，Mercari 公司同时采用了数值可测和数值不可测（定量和定性）的两套评价系统。

在 OKR 中，设定的 O 是定性指标，而 KR 是定量指标。因此，OKR 本身就是兼有定性和定量两方面目标的系统。

重点 ❷

"KR 可以设定得粗放一点"，这样的思维方式更有利于一线员工大胆地发挥自己的能力。

设定具有挑战性的目标，以激发创新潜力，这是风险投资人所必须具备的视角。实际上，Mercari 公司就做出了很多创新。

重点 ❸

结果，每个员工都能明确自己"现在应该做的事情"，并把握自己工作的价值。这正是 Mercari 公司导入 OKR 的真正意义所在。

给员工指明方向、短期目标以及为实现目标该做的事情、必要的协作等，可以将员工的力量集结起来。

重点 ❹

实际上，运营"mercan"首先是为了促进公司内部的相互理解，但同时也给公司招聘带来了极大的好处。

要成功实践 OKR，沟通交流非常重要。"mercan"平台就是公司内外沟通交流的重要工具，意义非凡。

进一步活用 OKR 时，
有哪些"常见情况"

常见情况 ❶

没有"重新审视人事制度"的想法。

人们容易错误地认为"人事制度一旦制定，就是绝对不能改变的"。事实上，公司应该根据内外的实际情况，适当地调整人事制度。

常见情况 ❷

要想激发员工的创造性，OKR 绝对是必需的。

OKR 和 MBO 都有各自的优点与缺点，这一点大家要正确理解。另外，OKR 和其他人事制度一起使用，也完全没有问题。

常见情况 ❸

一定要把 KR 设定得非常严密。

请大家把 OKR 当作统一全员视线的一种工具，然后在此基础之上设定 KR，争取让全体员工能够"自主提案、自主行动"去实现 KR。

常见情况 ❹

回过神来，发现当初设定的 OKR 已经落后于时代。

每个公司设定 OKR 的频率不一样，但最低频率也需一年更新一次。否则，当初设定的 OKR 真的可能已经无法适应现在的商业环境和公司状况。

图解 6-1   △只对适合的组织或部门导入 OKR

——对个别部门单独导入 OKR 完全可行

最近我听到有人说："OKR 是新的人事制度，所以比较优秀。而 KPI、MBO 都已经很老旧了，过时了。"这可是一个巨大的误解。有些组织就适合 OKR，而有些组织更能发挥 KPI 或 MBO 的效力。

下一页我列举有几家具有代表性的跨国 IT 企业的组织模式图。其中，导入了 OKR 的有谷歌和脸书两家公司，而微软和亚马逊则是以 KPI 为基础对公司进行管理运营的。两者没有优劣之分，选择适合自己公司的制度才最重要。

还有一个常见的误解，很多人认为"OKR 适合创意性部门"，但在介绍实际案例的时候我们也看到了，Uzabase 公司就在管理部门导入了 OKR，结果也成效显著。

一般而言，"想加入一些创造性思维""组织是为了成就员工的自我实现而存在""想让公司愿景在组织中扎根，并以员工共识为前提推进各项管理工作""想强化组织、团队、成员之间的协作，打造相互支援的体制"的时候，OKR 有效；而"想完成基本业绩目标""希望员工规律地做好本职工作，以维持稳定的质量和产量""想自上而下地贯彻公司愿景""想让目标管理和人事考核完全挂钩"的情况下，KPI 更能发挥作用。

在考虑组织是否适合 OKR 的时候，关键不在于职业种类或行业形态，而是需要根据组织的目标和文化进行综合判断。

GAFA 等企业的组织树状图（示意图）

亚马逊

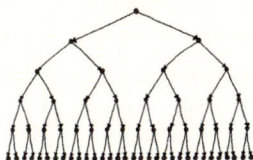

谷歌

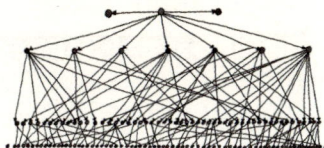

脸书

微软

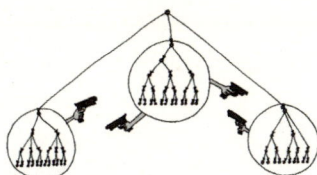

苹果

甲骨文

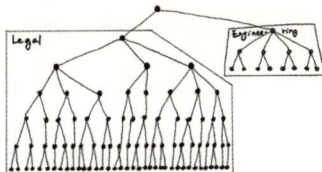

OKR 的目的是"收集基层的想法和创意，并为其实现提供支持"。因此，有这种理念的部门就适合 OKR，没有这种理念的部门就不适合

图解 6-2　△活用 OKR，让公司愿景在全体员工中达成共识

——O，为实现愿景而存在

人们一般把 OKR 称为"目标管理的方法"，但读到这里相信您已经发现，OKR 的适用范围非常广泛。不过，其"内核"是"让个人目标与组织目标的方向保持一致"。也就是说，组织设定目标（O），再确定实现目标的指标（KR）。接下来，为了实现组织的 O，员工再设定个人 OKR。这样一来，个人与组织在大方向上就形成了高度一致。

利用 OKR"让个人目标与组织目标的方向保持一致"的特性，可以让组织的愿景在组织成员之间形成共识。原本，"愿景 = 大家发自内心希望组织实现的、形成明文的目标"，意思就是说，这个目标是从"组织的行动方针或价值观 = 核心价值"与"组织存在的根本理由 = 目的"导出来的。而且，如何实现这个愿景呢？作为实现的步骤还有"战略 = 实现愿景的重要步骤"，将战略落实到目标上，就是组织的 OKR。下一页的图解，是利用 OKR 将愿景深入人心的流程，供大家参考。

另外，希望大家注意的一点是，如果愿景仅仅停留在"空口号"的层面，那么这个流程是无法发挥作用的。作为企业的经营者，必须根据核心价值和目的制定出具体的愿景，从而让公司里的每一个人都能发自内心地"想为实现这个愿景而努力"。

活用 OKR 让公司愿景深入人心的流程

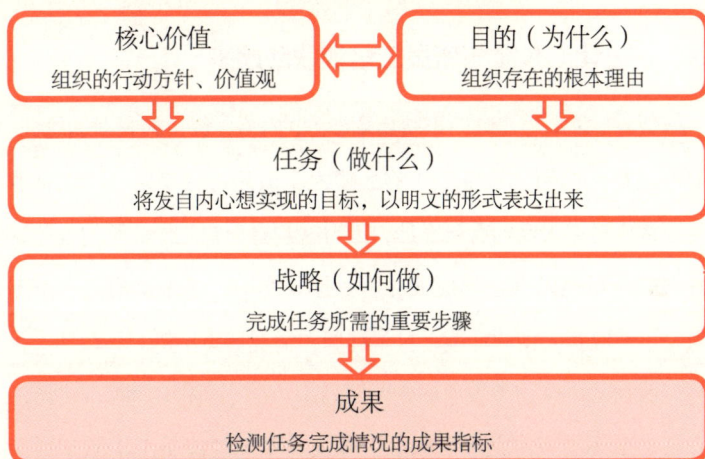

核心价值	目的（为什么）
组织的行动方针、价值观	组织存在的根本理由

任务（做什么）
将发自内心想实现的目标，以明文的形式表达出来

战略（如何做）
完成任务所需的重要步骤

成果
检测任务完成情况的成果指标

活用 OKR 让公司愿景深入人心的流程（例子）

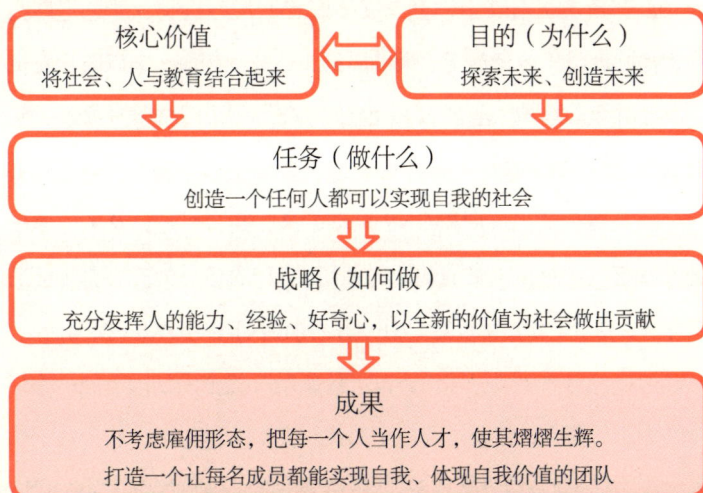

核心价值	目的（为什么）
将社会、人与教育结合起来	探索未来、创造未来

任务（做什么）
创造一个任何人都可以实现自我的社会

战略（如何做）
充分发挥人的能力、经验、好奇心，以全新的价值为社会做出贡献

成果
不考虑雇佣形态，把每一个人当作人才，使其熠熠生辉。
打造一个让每名成员都能实现自我、体现自我价值的团队

图解6-3 △利用OKR帮新员工尽快进入状态

——让OKR与新员工培训联动起来

以往，日本企业倾向于聘用刚毕业的学生，经过较长时间培训、培养之后，他们才具备工作实战能力。但是近些年来，日本企业聘用跳槽员工的比例有所增加，因为这些有一定工作经验的人才，进入公司后可以马上形成战斗力。但现实中，很多跳槽来的员工因为不适应新公司的环境，早早辞职的情况屡见不鲜。

我认为出现这种现象的主要原因是沟通方面存在问题，比如，"新员工还被束缚在老公司的企业文化中""新员工不能充分理解新公司的愿景""新员工和老员工之间的沟通不顺畅"等。

为了消除这些沟通障碍，现在很多企业都在实施"新员工培训"。在新员工培训中，事先设计好定期沟通机制，通过定期沟通来消除新员工与老员工之间的隔阂，达成思想统一，以防止新员工早期辞职。另外，进行培训，也是为了让新员工尽快形成战斗力，提高生产性。

如果将新员工培训和OKR联动起来，则有可能让新员工尽早进入状态。在新员工培训的同时使用OKR的话，负责培训新员工的导师，要帮助新员工设定OKR，并协助他们实现OKR。换句话说，就是通过一对一面谈等沟通方式，让新员工的个人目标与公司的整体目标进行磨合，往公司目标上靠拢。在这个过程中，让新员工深入思考"公司对我有什么期望""我所做的事正确吗"等问题的答案。

新员工培训的程序

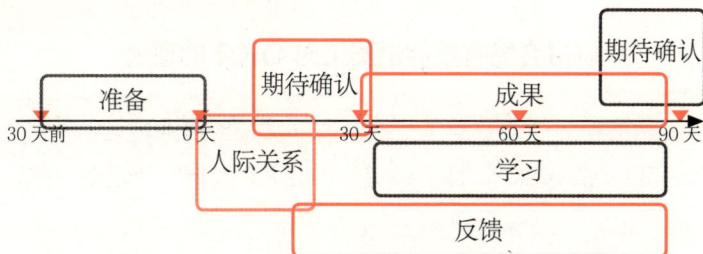

在促进新员工和老员工加速磨合的同时，通过持续不断的培训，帮新员工尽早进入状态。而且，持续不断的培训可以有效防止新员工早期辞职，还能提早发挥他们的战斗力

新员工培训与 OKR 的关系

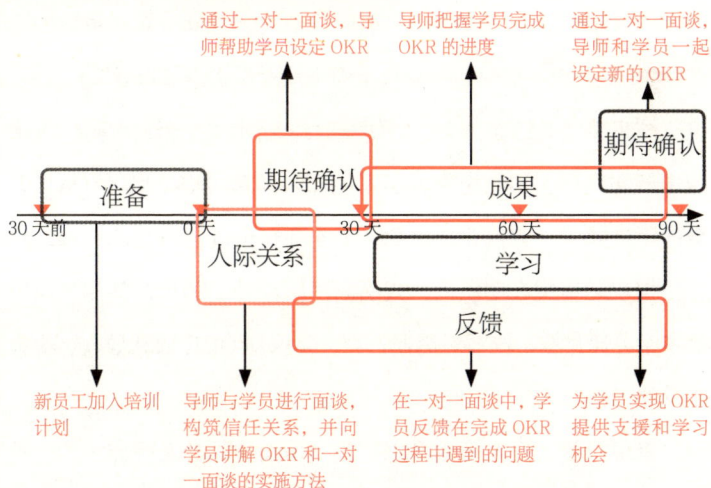

通过一对一面谈，导师帮助学员设定 OKR

导师把握学员完成 OKR 的进度

通过一对一面谈，导师和学员一起设定新的 OKR

新员工加入培训计划

导师与学员进行面谈，构筑信任关系，并向学员讲解 OKR 和一对一面谈的实施方法

在一对一面谈中，学员反馈在完成 OKR 过程中遇到的问题

为学员实现 OKR 提供支援和学习机会

新员工培训，通常可以和 OKR 并行实施。负责培训新员工的导师要帮助新员工设定 OKR，并协助他们实现 OKR

图解 6-4　△举办研讨会，让 OKR 在组织中扎根

——研讨会能有效促进员工对 OKR 的理解

要想让 OKR 发挥它应有的作用，前提条件是必须让组织的全体成员都深刻理解"OKR 的含义""OKR 的原理""组织、部门、团队、个人 OKR 的设定方法"等。

举办研讨会，是帮助组织成员尽快理解 OKR 的有效方法。通过举办研讨会，可以让全体成员对 OKR 形成统一的认识，同时还可以向大家分享实施 OKR 的知识、方法和经验。

通常情况下，很多企业只有在导入 OKR 的时候才会举行研讨会，但实际上这是远远不够的。在"组织成员无法深入理解导入 OKR 的目的""大家误认为 OKR 只是设定目标、管理目标的工具""一对一面谈时只是领导自上而下地对员工进行指导"的时候，也应该积极地举行研讨会，以便及时纠正问题，加深大家对 OKR 的理解和认识。如果组织成员不能深入理解 OKR，那么 OKR 就会流于形式化、空洞化。因此，企业要善于发现自身的瓶颈，然后根据实际情况在团队内，或面向团队领导、部长，甚至高层管理者举办研讨会。高质量的研讨会，是保证 OKR 顺利导入、实施的有效工具。

单单只是"设定了 O 和 KR"，OKR 是不会发挥作用的。导入之后，要随时向全体成员渗透 OKR 的思想，让 OKR 在组织中扎下根来。还要根据实际情况，对 OKR 进行修正和微调。

举办研讨会的合适时机

❸ 一对一面谈流于形式，只是领导自上而下地对员工进行指导（导致大家都不喜欢面谈，或者面谈不得不在「密室」中进行）

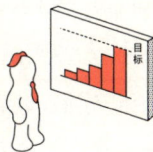

❶ 组织成员无法深入理解导入 OKR 的目的

❷ 大家误认为 OKR 和 KPI 及 MBO 一样，只是设定目标、管理目标的工具

在上述情况下，适合举办研讨会，统一大家对 OKR 的认识，改变 OKR 的实施方法

面向管理层员工的研讨会（例子）

上午	下午
思考愿景、任务 • 分别将愿景和任务可视化，把握它们之间的区别 • 站在企业的视角提出射月型目标 • 分享员工该有的意识和行动 • 学习心理安全感的相关知识	设定公司 OKR、组织 OKR • 学习何为 OKR • 设定公司 OKR • 确定负责公司 OKR 的组织，分享组织 OKR 的方向性 • 学习实施 OKR 必要的管理知识和一对一面谈的技巧

举办研讨会的目的是让导入 OKR 的公司或组织的全体人员理解 OKR 的意图，以及实施过程中员工应该具备的意识和行动。为此，要在公司或组织中培养全体人员对 OKR 的共识，同时还要教会大家实施 OKR 的具体方法

图解 6-5   △举行外出培训，设定、分享组织的 OKR

——真心的交流沟通构筑信任感

导入、实施 OKR 的时候，和开研讨会一样有良性推动效果的是举行外出培训。一般来说，和研讨会相比，在管理层希望进一步深入理解 OKR，或制定方针策略的时候，大多会举行外出培训。培训的具体内容包括"核心成员一起确认导入 OKR 的意图""设定（再定义）组织的 OKR""检讨、分享组织的战略"等。当公司高层花了数十个小时经过反复讨论也无法确定某个方针的时候，这时就适合举行外出培训。在这种重要的关头，外出培训往往能收到意想不到的效果。

外出培训通常利用工作时间进行，不会占用周末休息时间，一般要在外住宿一夜。外出培训的频率不会太高，一年一次就够了，比如，"每年设定组织 OKR，可以放在外出培训的时候"。外出培训重要的优势是，在不同于往日工作的场所，以不同于平常的时间安排进行培训，可以让大家精神更加集中。经过热烈讨论之后，要现场做出决定。

离开了令人"厌烦"的办公室，外出培训，大家的心情也焕然一新，"在这样的场所、在这段时间里，我们就和 OKR 来个真诚的碰撞"。怀着这样的心情，大家看待问题的视角也会不一样，所以往往会有新的收获。因为外出培训是用大块的时间来集中讨论一个议题，所以全部参加者的想法都会得到共享，每个人有充分的机会发表自己的意见，这更有利于彼此之间思想的磨合与碰撞。

当高层管理者想要更加深入地理解 OKR，推进 OKR 进一步扎根于公司的时候，外出培训是一种非常有效的工具。

适合举行外出培训的时机

目标

❷ 设定（再定义）组织的愿景、任务

❸ 检讨、分享组织或团队的战略

❶ 需要对公司现状和方向进行确认。需要核心成员对导入 OKR 的意图进行确认

想让 OKR 的实施有意义、有效果，外出培训很有必要

面向高层管理者的 OKR 学习会（例子）

第一天上午	第一天下午	第二天上午
思考理想的管理方式 ● 分享各自的人生旅程，管理者之间超越工作关系，作为普通人，加深相互的理解 ● 提高心理安全感 ● 学习先进组织的运行方式 ● 学习成功企业的管理经验 ● 回顾自己在管理工作中的得与失	自我反思，寻找改革的灵感 ● 学习 OKR 的含义 ● 认识在实施 OKR 的过程中，管理者所扮演的角色 ● 学习一对一面谈的具体方法和注意事项	设定 OKR，并想办法使其深入人心 ● 设定并发表组织的 OKR ● 思考将组织的 OKR 向员工渗透的方法 ● 对组织的 OKR 进行更新

　　举行外出培训的主要目的，是以管理层为中心，寻找公司运营中的问题，同时对适合于 OKR 的管理方法进行探讨，并重新定义新的管理方式。为此，参加者需要考虑的问题有：我们为什么要导入 OKR？公司的愿景、任务如何更好地与员工实现自我的需求进行对接？

习惯"自己做决定"

初次接触 OKR 的人，突然告诉他："请自己设定目标。"他很可能无法设置合适的目标，甚至不知从何处下手。很多人说这是日本人特殊的性格特点导致的，但我觉得并非如此。

先举个例子，我们 Pronoia 集团的公关负责人平原小姐，虽然只有 20 多岁，但已经自己设定了很多目标，承担着公司大量的工作。因为她负责的工作量实在太大，进行每周一次的一对一面谈时，她都无法把所有工作汇报完。

平原小姐说："能够完成如此巨大的工作量，原动力就是'我想做'。有了这个动力，我就能非常精准地把握自己该做些什么。"也就是说，一个人自主地设定目标之后，就有了动力，也充满了干劲，所以完成大量的工作也不在话下。

2018 年，平原小姐作为日本代表参加了 SDGs（联合国可持续发展目标）的国际青年会议，至今，她一直致力于这个项目的推进。她会主动接触那些对 SDGs 感兴趣的大企业经营者，争取与对方面谈，向其展示这个项目的优势，以说服更多的协助者。在以往的日本企业中，20 多岁的女性职员直接去接触大企业的经营者，这是人们想都不敢想的。但是，平原小姐勇敢地做到了这一点。

　　对"自己做决定"感到迷惑或不适应的朋友，经过半年时间的持续努力，就会逐渐习惯自己做决定、设定目标的感觉，这样就能够更加积极主动地投入工作中去。

第七章

为什么现在的日本
企业需要 OKR

为什么现在的日本企业需要 OKR

当前，日本企业面临的问题

日本的经济从 2016 年开始，出现了持续的缓慢上升，被称为"战后最长的经济增长"。确实，在这一时期，一部分大企业有了较大规模的盈利，员工的薪水也在不断上涨。但是，这样就可以说日本的大企业经营状况良好吗？

我可不这么认为。因为从某种意义上说，现在的经济增长，背后的支撑是过去长期的积累和结构重组。但是，日本的大企业近年来并没有推出什么具有革新意义的产品或服务。

我认为，出现这种局面的主要原因来自"人"。大家都知道，最近日本非常流行"工作方式改革"，到处提倡缩减劳动时间、提高工作效率。另外，在新人招聘方面呈现"超级卖方市场"，人手不足、招聘难成为企业的棘手问题。但是我认为，日本企业发展受限的主要问题还不在于招聘难和工作效率低下，而在于没有把人才灵活地运用起来。

无法活用人才的原因之一是日本的大企业没有将企业的愿景、任务渗透到每个员工的心中。二战之后，日本的大企业经营者并没有在公司内部"强力宣传公司的愿景和任务"。而新起步的一些企业，则比较重视在公司内部宣传企业愿景和任务。也就是说，对于企业愿景、任务的渗透，不同的企业存在很大的差异。

另一个原因是中间管理层的能力不足。非常遗憾的是，日本企业的中层管理者普遍缺乏人才管理的经验和技巧，而且他们的思维模式也比较僵化。说白了，就是"日本企业中优秀的经理"比较少。这不仅仅是中层管理者个人素质和经验不足的问题，更是企业的体制、运营结构存在缺陷所导致的。举例来说，在很多日本企业中上司与部下一对一面谈的机会可能一年只有一次，就是年底的考核面谈。很多上司所做的工作就是每天早晨检查员工是否准时上班，然后就是听取部下单方面汇报工作进展情况或顾客投诉解决情况等。这样的工作方式，很难让上司积累人才管理的经验和技巧。归根结底，就是上司和部下交流沟通的机会太少了。我常用《星球大战》中的"帝国冲锋队（Stormtrooper）"来讽刺日本企业的中层管理者。实际上，在日本企业中，真正能把部下当作"人"来看待的上司，能有多少呢？

很多企业的经营者抱怨说："我真希望员工能够自主地、积极地开展工作，可现实总是不尽如人意。"问题很大程度上出在中层管理者身上，如果中层管理者不具备激发员工自主性、积极性的经验和技巧，又不善于培养员工的话，怎么可能要求员工主动去工作？从某种意义上，这也是公司体制的问题。

当今时代要求企业要像"专业运动员"那样向高目标发起挑战

现在日本企业所面临的状况，我想用"专业运动员"做比喻可能更好理解。

专业运动员会把一个通常难以实现、不容易突破的记录设定为努力的目标。比如"我要进入奥运会""100米我要跑进10秒大关"等。也就是说，专业运动员对自己的要求是很苛刻的，目标也非常高。反过来看，运动员给自己设定了很高的（与以前不同的、谁也没有完成过的）目标后，就有了强大的动力，就会不断努力训练，提高自己。

当今世界，中国、印度等新兴国家高速发展，日本国内的市场不断萎缩，在这样的商业环境中，日本企业要像专业运动员一样，去挑战"与以前不同的""谁也没有完成过的"高目标。只盯着日本市场是没有办法发展的，日本企业一定要给自己设定更高、更远的目标。

可是，日本企业的员工根本不善于挑战新事物。如果这个时候突然命令他们："你们要像运动员一样挑战与以前不同的、谁也没有完成过的目标！"然后强制他们开创新业务的话，结果可想而知，肯定不可能顺利进行。要么开创的是不符合自身实际的错误的新业务，要么就是对新业务完全不会管理，结果肯定会导致公司的内乱。原因在于日本企业的人事管理方法适合因循守旧的、规律性的业务，而不适合具有挑战性的业务。

以前的日本企业，从没要求员工挑战新事物，更没有对员工进行这方面的培训。不仅如此，如果有员工在公司里说："我想尝试开展一项新业务。"他肯定会被上司骂："你太狂妄了！别整天胡思乱想，最重要的是先把手头的工作做好！"

或者，遇到"霸道总裁"的话，员工就没有空间自由发挥了。"霸道总裁"会把公司搞成"一言堂"："你们只管听我的指示、只管跟着我走，不许发牢骚！"他在公司中具有绝对的权威，从不听部下的意见，想自上而下地推进公司的发展（我发现这样的"霸道总裁"在东亚的企业中特别多）。可结果会怎样呢？挑战精神，挑战的技能、经验，都不可能存在于这样的公司中。

在 20 世纪日本处于经济高速成长期的时候，国内市场不断扩大，那个时代日本企业的员工不用挑战高目标，只要把手头的工作做好，企业就能快速发展。可是如今时代不同了，经济环境也发生了巨大改变，日本国内市场不断萎缩，如果企业还沿用以前的方法，就很难继续发展了，甚至有可能走向破产。所以，现在的日本企业必须去挑战"与以前不同的""谁也没有完成过的"新业务，这就需要像专业运动员那样为自己设定高远的目标。

我认为，OKR 和一对一面谈是解决这个问题的好方法。

就像我前面介绍过的，企业导入 OKR 之后，企业的领导者、管理层、基层员工会面向企业的远大愿景，各自思考该做些什么、怎么做。然后，各部门、团队和个人，分别设定自己的 OKR。举个例子，日本有一家人工智能创业企业 ABEJA，曾因获得了谷歌公司的巨额投资而备受业界关注。ABEJA 公司，为了自下而上高速推进事业的发展，提高企业的战略能力，就选择导入了 OKR。

配合 OKR 的实施，需要上司和部下紧密沟通交流，最佳方法就是一对一面谈。在每周一次的一对一面谈中，上司可以了解部下想做的事情、期望的事情，还可以结合部下的价值观、性格、信念，和他一起设定 OKR。面谈中上司可以引导部下思考"自己设定的 OKR 是否合适，是否需要更改或调整"，并为其提供必要的支持和帮助。

在这个过程中，上司对部下进行了管理、激发，同时也锻炼了自己培育员工的技巧，积累了宝贵的经验。

在一对一面谈中，上司以提问的形式让部下自己思考，例如："为了实现公司的愿景，你想做哪些贡献？""在工作中你想获得怎样的成长？"善于引导的上司就像高明的体育教练一样，可以激发运动员的斗志，引导他们自己设定目标，并自主、自发地为之努力。引导员工自行思考"想做的事情 = 自己的目标"，是员工积极主动工作的原动力，也是活用人才的根本方法。

让组织、员工习惯OKR

很多人认为，如果现在的日本企业突然导入OKR，多半也无法成功运转（从本书介绍的多个企业案例中我们也可以看出，刚刚导入OKR的时候，没有哪个企业可以顺利运转）。如果问员工："你最想做的事情是什么？你的目标是什么？"也没有几个人能很好地表达出来。

这样的担心虽然切合实际，但我们也不能因为存在这样的问题就拒绝OKR。我认为，只要公司的领导层表现出坚定的决心，并执着地推进OKR的导入和实施，我相信一定能让OKR的文化在企业中生根发芽。举例来说，成功实施OKR最具代表性的企业就是谷歌公司，但在谷歌公司中，也存在着不适应OKR的员工。跳槽来谷歌公司的人中，有很多以前都没接触过OKR，他们倒是很熟悉KPI的人才管理方法。这样的人在刚进入谷歌公司的时候，当上司要求他们"请你自己制定目标"的时候，他们往往一脸茫然，想不出自己该设定什么样的目标。

但即使对这种OKR"初学者"，上司通过一对一面谈，引导他们思考"请你想一下，你想获得什么样的成长，你能为公司做什么样的贡献"，经过一段时间之后，这些员工也能适应OKR。

原本，OKR就是让员工自行思考"自己的成长和贡献"的一种制度。因此，即使是刚接触 OKR 的新人，只要习惯了 OKR 的思维方式，就能不断发挥自己的潜能。仅仅是"说出自己想做的事情""自己决定工作的内容和时间分配"，就能成为员工奋进的动力。员工思考"自己的职责和成长"，便能激发内驱力，让他们以百倍的精神投入工作中。

不过，为了让 OKR 在组织中扎根，仅靠一对一面谈还是不够的。组织还需要做出相应的努力。例如，举办研讨会或培训。在 OKR 的实施层面，需要对员工进行教育，如"应该如何评价 KR 的完成状况""如何设置一对一面谈，如何推进面谈"等。

为企业导入、实施 OKR 提供支持的角色，可以由公司内的人事负责人担当，也可以由我们（Pronoia 集团）这种专业提供 OKR 支持服务的公司来负责。如果公司里有从谷歌跳槽来的员工，公司导入 OKR 可能会更加顺畅一些，因为他们非常熟悉 OKR。实际上，许多从谷歌公司辞职出来独立创业的老员工，在自己创建的公司里都会采用 OKR 的人才管理方法。可以说，只要习惯了 OKR，它就可以发挥极大的作用。

另外，如果公司原本在用 KPI，但要导入 OKR 来代替 KPI，恐怕困难会更大一些。在这种情况下，企业的经营者、管理者要花大力气来疏通公司内部的沟通交流，想方设法把企业的愿景和任务渗透到员工心里，还要努力听取一线员工的意见和想法。通过这些努力，让员工认识到 OKR 是一种沟通工具，再导入 OKR 就会少一些障碍。

OKR 是"未来日本企业"必不可少的管理制度

在前面介绍的企业案例中我们已经看到，虽然都称为"OKR"，但实际上，在不同企业中，OKR 的实施方法也存在较大差异。举例来说，关于 OKR 与人事考核或薪水是否挂钩的问题，不同的企业就有不同的做法，有的选择挂钩，有的选择不挂钩。

如果工作的成果非常清晰，可以定量化评价，那可以将 OKR 与人事评价或薪水挂钩。反之，如果工作内容和范围比较模糊，成果也不容易定量化评价的话，则不宜挂钩。总而言之，最重要的是让在一线工作的人清晰明了地理解 OKR 的作用（如果 OKR 与薪水挂钩的话，我建议慎重导入。尤其是在导入初期，评价指标不容易一次性设定准确，所以有可能经过多次试行错误才能找到合适的评价标准）。

不管怎么说，我坚信 OKR 和一对一面谈的人才管理方法对日本企业具有极大的意义。从某种意义上讲，OKR 和一对一面谈的思维方式与日本企业所具有的"自下而上"的企业文化非常契合。

二战之后，日本经历了经济高速成长期。那个时期的日本企业，晚上下班后，上司和部下常会聚会小酌，酒过三巡之后大家可以敞开心扉畅所欲言，如"我想为公司做哪些贡献""我希望在工作中获得怎样的成长"等，都是酒桌上谈论的话题。这种酒桌上的交流,也是员工成长的动力来源(借着酒兴抛开上下级关系,坦诚的沟通是非常有效的交流方式)。也就是说,日本企业早就以非正式的方式在实施 OKR 和一对一面谈。

但是到了现在,日本企业似乎对下班后的"酒桌交流"敬而远之,非正式的沟通方式减少了,我觉得这对企业的发展不利。如今的年轻人不喜欢"酒精",想再恢复以前的"酒桌交流"恐怕也不太现实。这个时候,OKR 和一对一面谈就显得更为重要了。

如果想学亚马逊那种重视效率性、生产性的"自上而下"型管理方式,可能不必导入 OKR。如果企业经营者具有杰夫·贝佐斯那样的天才管理能力,能够带领企业不断前行,从某种意义上来说,这是效率最高的管理方式(在这样的企业中,OKR 还会成为绊脚石。但话说回来,又有几个人拥有贝佐斯那样的天才经营者头脑呢)。

天才经营者可遇不可求,而且,大多数日本企业不适合"自上而下"型的管理方式。换句话说,日本企业用 OKR 更加合适。

最后,在导入 OKR 的时候我还想提醒大家一句:"要把 OKR 作为发挥企业自身特色的一个手段"。不要因为导入了 OKR,就丢掉了自己原本的性格。其实,OKR 也是一种文化,需要以"适合自己公司的形式"导入、实施。如果能做到这一点的话,企业导入 OKR 就不再是单纯地"模仿谷歌公司"。而且,只有做到这一点,才能真正发挥 OKR 的作用,给企业带来积极的成果。

OKR是尊重个人想法、
性格的激励工具

彼得： 把这本书读到最后的朋友，相信平日里一定致力于"革新性企业组织变革""保护优秀人才""透明化企业运营"等工作。我写这本书的目的，就是想告诉这些朋友，OKR 是实现您想法的有效工具。

星野： 您介绍的企业，从导入 OKR 的背景到实施方法、活用目的等，都存在很大的差异。OKR 确实是替代 KPI、MBO 进行目标管理的一种工具，也是一线员工和管理者之间高效沟通的一种工具。

彼得： 不管企业活用 OKR 的目的和用途是什么，其中都有一个共同点，就是在尊重员工个人想法、性格的基础上，对他们加以激励。企业里的员工，都有不同的背景、性格和想法，如何把他们的力量拧成一股绳，如何激发他们的潜能，如何给他们创造更好的成长机会，将是企业能否发展的分界线。

星野： 我们 Pronoia 集团虽然员工人数不多，但没有哪两个人的背景、想法、志向是完全一样的，大家都能发挥自己的优势活跃于工作之中。

彼得：我们 Pronoia 集团的世罗小姐，以前是庆应义塾大学系统设计管理学科的研究员，现在作为自由研究员依然活跃在这个领域，前不久才出版了自己的著作。另外，去年作为日本代表参加 SDGs 国际会议的平原小姐，现在也正致力于 SDGs 的推广和普及。

星野：表面上看起来，她们的背景和公司当前的工作没有直接关系，但是她们为公司发挥出了意想不到的潜力，而且一些极具价值的创意也给公司带来了巨大收获。

彼得：所以，我愿意聘用那些和我自己的思维方式、行为方式不同的人才（笑）。你也是从大型 IT 企业跳槽到我们公司来的。加入我们公司后，你感觉怎么样？

星野：实际上，我在老东家工作的时候，你对我说："你就是一个'社畜'。"当时我还和你大吵了一架。后来"莫名其妙"地我就加入了你们 Pronoia 集团……回想当初在老东家工作时，我似乎从来没有思考过自己是谁、自己想给社会创造什么价值，而现在我已经想清楚了这些问题，和以前对比，简直恍若隔世。

彼得：你当初是忘记了"自我实现"这件事。当时你已经习惯了那家公司的工作，对工作和公司也充满了自豪感。所以，你坚信自己做得没错，也不会怀疑这样工作有什么不对。这是很多日本企业员工的现状。而站在企业一方，他们不会思考这个时代追求效率的欲望越来越高，也不会对员工实现自我主动提供支持。但实际上，如果员工

　　能在公司这个舞台上实现自我，自然可以给公司带来诸多好处。

星野： 即使表面上看起来愚蠢的想法，只要人自发为之努力的话，也能带来积极向上的工作状态，这样就能发挥出超出想象的潜能。

彼得： 最近，你有启动什么新的有趣项目吗？

星野： 最近我在实验性地做一项"小酒馆"事业。"小酒馆"是一种比喻。在昭和时代，小酒馆中的老板娘、常客之间，可以坦诚地畅所欲言、自我开导。我就是想打造这样一种精神交流的环境。做这项事业，主要是我想找回自己年轻时"对昭和时代充满向往"的那个闪亮梦想。

彼得： 你这项事业的第一个客户好像是总务省。后来，听到你为总务省服务的传闻，很多企业或地方自治团体也纷纷来找你。5 月的时候，听说你在爱沙尼亚也举办了活动。爱沙尼亚在 IT 行业近年来可是受到了全世界的瞩目，号称拥有"比硅谷还先进"的技术。

星野： 关于这个项目，我还没有创立实体企业。有人催我："赶快创业呀！"我谨慎地拒绝了（笑）。"小酒馆"这个项目的发端，来自我打工时对我照顾有加的一位前辈。当这位前辈即将退休的时候，他对我说了一席话，促使我开始实施自己的想法。他以前在公司里是了不起的高级工程师，可他说："我退休后，想当一个照顾孩子们上学放学的老大爷。本来我就喜欢孩子，所以想做照顾孩子的工作。"

彼得： 喜欢的事情，就不要顾虑太多，只要对社会有贡献，去做就是了。能够实现自己的心愿，又能对社会有所贡献，找到这样的工作真是一种幸福啊。

星野： 虽说"人生一百年"，但在工作的年纪遇到能够改变职业的机会是非常少的，而能抓住机会的人则更少。根据我个人的跳槽经验，如果能抓住这样的机会，就一定要努力地好好干一把。

彼得： 我出生在冷战时期的波兰，在一个乡下长大。为了获得配给的食物，我们要在街上的商店前排很久的队，我还被士兵用 AK 冲锋枪的枪托殴打过，现在回想起来，真是苦难的童年。逃离那个环境，到全世界自由地看一看，是我儿时的梦想，也正是这个梦想造就了现在的我。我们虽然不能预见未来，但是可以创造未来。

星野： 你真是创造了自己的未来。对你的想法有同感的年轻人，都聚集到了 Pronoia 集团。不仅有 80 后、90 后，还有 00 后。我认为这些年轻人的一个显著特点就是"贡献社会"的意识非常强。

彼得： 今后，在商业领域中，社会问题也可能为我们提供商机。所以，我认为企业的经营者必须认真对待年轻人的想法和世界观，必须耐心倾听他们的声音。因为他们的想法有可能为企业提供不可多得的商业信息。

星野： 从某种意义上讲，OKR 和一对一面谈是将上述经营视角和管理能力植入企业并使其扎根的工具。如果没有导入 OKR 和一对一面谈，虽然经营者也知道沟通的重要

性，但总是难以抽出时间来和部下谈话。而导入 OKR
之后，这些沟通就作为制度被固定下来了，在面谈的过
程中，领导可以看到员工的目标，也让员工对自己的目
标更加明确。而且，通过一对一面谈，上层还获得了基
层的意见反馈。

彼得： 我认为企业没有必要照搬其他企业的 OKR 或一对一面
谈方式，因为也没有适用于所有企业的通用型 OKR 和
一对一面谈方式。重要的是企业要考虑自身的实际情况，
结合本书中介绍的要素，一个一个进行尝试。合适的就
实行，不合适的就放弃。经过一段时间，相信企业中沟
通的氛围一定会发生变化，员工之间也会变得更亲密。
在这个时候，管理者可以和员工进行以下对话：

改变人生的对话

1. 你想通过工作获得什么？
2. 你为什么认为获得这些很重要？（根据对方的回答，
   再问三个为什么）
3. 怎样才算"工作出色"？
4. 你为什么要选择现在这个工作？
5. 去年的工作对今年的工作有什么影响？
6. 你最强的优势是什么？
7. 我（们）可以为你提供哪方面的支持？

　　你可能感觉到了，上述问题不同于我们平时的问话，
如"你今天吃了什么？""今天去了哪儿？"。日常问

话"吃了什么？（对事物的关心）""去了哪儿？（对场所的关心）"，只是我们的关心。而上述七个问题是通过提问引导对方表达出"自己的价值观"。像"你今天吃了什么？""今天去了哪儿？"这样的问题，我称之为"浪费时间的问题"，而上述七个问题，则是"改变人生的问题"。

星野： 据我所知，很多企业刚开始导入一对一面谈的时候，领导面对员工不知道该问点什么，最后只问了一些近况等日常情况，就是你所说的"浪费时间的问题"。

　　在一对一面谈中不知该如何提问的领导，可以参考上述七个问题。

彼得： 有人对我们感兴趣，我们自然愿意对他敞开心扉。所以，当我们与员工进行一对一面谈的时候，要表现出对他的兴趣，并询问一些涉及本质的问题，对方肯定也乐于回答。

　　不知大家是否听过"Uncomfortably excited"这个短语？这是谷歌公司创始人拉里·佩奇在演讲中提到的一个短语，直译过来就是"令人不安的兴奋"。也就是说，在组织进行改革的时候，人们充满兴奋的同时也会感到焦虑不安。即将导入 OKR 的企业，肯定也会经历这样的阶段。因为导入 OKR 势必要抛弃以前已经熟悉甚至习惯的方式方法，也要放弃那些自己一直坚信的正确的做法，导入一种全新的管理方式。在这种情况下，谁都会感到不安，这是一种正常的反应。而度过这一阶段后，就会迎来真正具有创新性的企业体制。另外，关于公司和团队的管理，拙作《世界最强团队》（朝日新闻出版社）、《日本所不知道的会议铁则》（钻石社）中都有论述。感兴趣的朋友可以找来一读。我衷心希望通过自己的知识和经验，能为企业的发展、经济的腾飞做一点贡献。

在编写本书的时候，我受到了多方的支持和帮助。在此，对小桥工业的小桥正次郎先生、Hamee 株式会社的丰田佳生先生、Sansan 株式会社的大间佑太先生及长仓纪子女士、株式会社 Mercari 的滨田优贵先生、株式会社 Uzabase 的松井忍先生及山田圣裕先生，以及 FORCAS 集团公司、日本风投调查公司的佐久间衡先生，表示由衷的感谢！

另外，在本书的编辑过程中贡献心血的川畑英毅先生、中村理先生、折田智美小姐、熊仓由实小姐、世罗侑未小姐、平原依文小姐，也请收下我的谢意！

彼得·费利克斯·格日瓦奇

星野珠枝

2019 年 4 月

Example 1：

化妆品公司 A 的"公司 OKR"与"团队 OKR"的例子

【公司 OKR】

Objective：

店铺数量增加 20%

Key Results：

△到 3 月为止，确定加盟候补店铺 40 家

△到 6 月为止，对其中 30 家店铺进行培训

△到 9 月为止，与其中 25 家店铺完成签约

△到 12 月为止，保证其中 20 家店铺开业

【人事团队的 OKR】

Objective：

到 3 月为止，确定加盟候补店铺 40 家

Key Results：

△到 1 月为止，收取 500 份简历

△到 2 月为止，确定 60 名面试候选人

△到 3 月为止，确定 40 名面试者

【店铺培训团队的 OKR】

Objective：

到 6 月为止，对其中 30 家店铺进行培训

Key Results：

△到 4 月为止，制作好新资料和 PPT

△到 5 月为止，实施 1 个月的研修

△到 6 月为止，从完成研修的店铺中选出 30 个以上的优秀者

【法务团队的 OKR】

Objective：

到 9 月为止，与其中 25 家店铺完成签约

Key Results：

△到 7 月为止，调配好必要的文件

△到 8 月为止，递交合约草案

△到 9 月为止，与 25 家以上店铺完成签约

【操作团队的 OKR】

Objective：

到 12 月为止，保证其中 20 家店铺开业

Key Results：

△到 9 月为止，保证 25 家店铺分别找到合适的场地

△到 10 月为止，实施店铺装修

△到 12 月为止，最低保证 20 家店铺开业（圣诞节之前！）

Example 2：

化妆品公司 B 的"公司 OKR"与"团队 OKR"的例子

【公司 OKR】

Objective：

利润提高 10%

Key Results：

△导入反向出价采购系统，将价格降低 10%

△将配送商品到店铺这一业务外包出去，降低 25% 的物流成本

△在情人节、父亲节、母亲节举办限期促销活动，销售额达到去年的 2 倍

【IT 团队的 OKR】

Objective：

导入反向出价采购系统，将价格降低 10%

Key Results：

△到 3 月为止，系统导入完成

△到 4 月为止，完成系统测试和优化

△到 6 月为止，启动反向出价采购系统

【物流团队的 OKR】

Objective：

将配送商品到店铺这一业务外包出去，降低 25% 的物流成本

Key Results：

△到 2 月为止，将公司自有货车全部变卖

△到 3 月为止，寻找物流服务商，询价

△ 3 月中旬实现物流外包

【市场营销团队的 OKR】

Objective：

在情人节、父亲节、母亲节举办限期促销活动，销售额达到去年的 2 倍

Key Results：

△到 1 月为止，将提案书送至代理商处

△到 3 月为止，制定具体促销活动策略

△在情人节、父亲节、母亲节实施促销活动

【财务团队的 OKR】

Objective：

提高公司利润

Key Results：

△确保限期促销活动的销售额达到去年的 2 倍

△将筹备活动的成本降低 25%

△实现价格降低 10% 的目标

Example　3:

公司 OKR 的例子

【跨国公司的 OKR】

Objective：

海外事业实现增长

Key Results：

△跨国事业的销售额达到 1 亿美元

△欧洲、中东以及非洲地区每年实现 100% 的增长

△销售更高价格的服务，交易额平均提高 30%

△提高客服质量，解约率每年减少 5%

【B2B 企业的 OKR】

Objective：

让顾客高兴

Key Results：

△每月听取顾客意见 20 次以上，获得丰富反馈信息

△顾客口碑得分达到 9 分

△将顾客维持率提高到 98%

△ WAU（7 日内登录过产品的用户数）实现 80% 下单

Example　4：

市场团队 OKR 的例子

【营销团队的 OKR】

Objective 1：

让 MQL（Marketing Qualified Lead，合适营销客户）进一步
增长

Key Results：

△ E-mail 营销创造 150MQL

△ Adwords（谷歌的关键词竞价广告）营销创造 100MQL

△有机搜索创造 50MQL

Objective 2：

将客户获得率最大化

Key Results：

△改善市场营销自动化程序

△在 3 个季度内，将客户获得成本降低 20%

△分析 ROI（投资回报率），制作新的自上而下 & 自下而上的
Excel 模型

【线上营销团队的 OKR】

Objective 1：

改良网站，提高转化率

Key Results：

△网页访问者每月增加 7%

△在 2 个季度内，让登录页面的转化率提高 10%

Objective 2：

改善 PPC（按效果付费模式）宣传活动

Key Results：

△ Adwords（谷歌的关键词竞价广告）营销创造 150MQL

△将 CPL（Cost Per Lead，单次引导成本）控制在 4 美元以下

△将 CTR（Click Through Rate，点击通过率）提高 2%

【内容营销团队的 OKR】

Objective 1：

开启月度简报

Key Results：

△在第一个季度发送 3 个简报

△每月发送 1 个以上的简报

△通过简报获得 3% 以上的 CTR

Objective 2：

改善博客营销战略

Key Results：

△用 3 个季度发布 50 篇博文

△对 5 名以上的各领域专家进行 VIP 采访

△获得 5000 名阅读者

【PR 团队的 OKR】

Objective 1：

提高品牌知名度

Key Results：

△在第一个季度，接受 30 家以上媒体的采访

△会见 15 名以上各领域有影响力的人物

△在每年一度的行业大会上，派两人以上登台演讲

Objective 2：

和市场调研公司 Forrester、Gartner 建立强有力的关系

Key Results：

△在第一个季度内写两份报告书

△申请报告

△关于报告的内容，在自家公司网站首页做两期特辑

△请两名以上的主持人介绍新商品

【产品营销团队的 OKR】

Objective：

将新商品成功推向市场

Key Results：

△制作完成新商品网站

△和 PR 团队协作，宣传新商品的功能

△对顾客、合作伙伴实施特别优先销售

Example　5：

销售、销售管理团队 OKR 的例子

【销售团队的 OKR】

Objective 1：

搭建新的销售渠道

Key Results：

△打造 1200 万美元的流量

△销售渠道扩大为原来的 5 倍，胜率提高 1 倍

△每周对 7 种商品进行公开展示

Objective 2：

打造全球销售体制

Key Results：

△ 1 月内聘用 10 名客户经理

△1月内聘用20名内勤销售员

△1月内聘用5名销售经理

△面试人数与录用人数的比例控制在 4∶1

【销售管理团队的 OKR】

Objective 1：

强化主要地区的销售活动

Key Results：

△新开拓50家以上的企业伙伴，构成销售网络

△针对重点地区，增加10家代理商

△发挥客户经理的能力，将销售额提高20%

Objective 2：

强化南美地区的销售活动

Key Results：

△在南美地区开拓30家新客户公司

△对南美团队开展新的销售培训

△从具有影响力的客户那里获得5星好评

Example　6：

人事团队 OKR 的例子

【培训团队的 OKR】

Objective 1：

打造最好的企业文化

Key Results：

△构筑同事之间相互反馈的机制

△通过 OKR，让各个部门之间明确职责范围

△每周调查的聘用满意度得分（满分 10 分）在 8 分以上

△每月举行一次全员大会，会上员工可以开放性地向总经理、董事长询问各种问题

Objective 2：

提高员工对工作的满意度

Key Results：

△公司内全部部门领导和经理要和员工建立相互反馈机制

△每周实施聘用满意度调查

△为提高聘用满意度设置明确的目标

【聘用团队的 OKR】

Objective 1：

聘用马上可以投入工作的员工，加强团队力量

Key Results：

△把外部的优秀人才介绍到公司的员工（正式录用），奖励 500

美元

△本年度为人手不足的部门招聘 25 名新员工

△向内部员工反馈公司的面试招聘程序

△面试人数与录用人数的比例控制在 4：1

Objective 2：

降低员工的离职率

Key Results：

△构筑同事之间相互反馈的机制，提高人才能力管理的品质

△每周调查的聘用满意度得分（满分 10 分）在 8 分以上

△每月对全体员工实施调查——"怎样才能让公司变得更好？"

Example　7：

开发团队 OKR 的例子

【工程团队的 OKR】

Objective 1：

设计新商品的体系结构

Key Results：

△组建商品 A 的开发团队

△和质量管理部一起实施 5 次测试

△将商品数据上传至数据库

Objective 2：

组建全球化开发团队

Key Results：

△把外部的优秀人才介绍到公司的员工（正式录用），奖励 500
美元

△在两个季度内，聘用行业内评价较高的 5 名工程师

△面试人数与录用人数的比例控制在 4∶1

【SE 团队的 OKR】

Objective 1：

改善 E-mail 系统

Key Results：

△制订新的系统改善计划

△向公司全员发放新系统的使用说明书

Objective 2：

提高新版系统的品质

Key Results：

△让 10% 以上的现有客户试用新版系统

△获得 7 分以上的 NPS（净推荐值）得分

【策划团队的 OKR】

Objective 1：

将新商品成功推向市场

Key Results：

△对 30 名以上的潜在客户就新商品征求意见

△选取电商网站上的 100 名以上消费者的评价，加以总结，在公司内进行公示

△对公司市场负责人、销售负责人进行 2 次以上的新商品说明会

△对商品市场团队进行新商品功能说明

Objective 2：

实施新商品开发、改良战略

Key Results：

△采访 50 名以上的潜在客户，获得反馈

△让 20 名潜在客户对 UX 全尺寸模型进行评价，满分 10 分，获得 8 分以上的评价

△明确 UX 全尺寸模型的 5 个需要改善的地方

△让销售团队对新商品进行评价，满分 10 分，要获得 10 分

OKR行动笔记

Date：

目标	关键成果	进度

OKR行动笔记

目标	关键成果	进度

Date:

OKR行动笔记

Date：		
目标	关键成果	进度

OKR行动笔记

Date :		
目标	关键成果	进度

OKR行动笔记

Date :		
目标	关键成果	进度

OKR行动笔记

目标	关键成果	进度
Date:		

OKR行动笔记

Date:		
目标	关键成果	进度

OKR行动笔记

Date:		
目标	关键成果	进度

OKR行动笔记

目标	关键成果	进度
Date :		